KB071205

누구나 개인주의자가 된다

한 그루의 나무가 모여 푸른 숲을 이루듯이
청림의 책들은 삶을 풍요롭게 합니다.

누구나 개인주의자가 된다

박상용 지음

각자도생의 시대를
견뎌내기 위한
인간다운 삶의 조건

추수밭

시대의 왜곡이 개인들에게 던지는 질문,
"그대들, 어떻게 살 것인가"[1]

《누구나 개인주의자가 된다》는 이른바 '개인주의 시대'라고는 하지만 개인의 존재가 외면받고 침해당하는 오늘날의 현실에서 '참다운 나', '인간다운 나'로서 살아가는 방향을 모색하기 위해 쓰였으며, 우연한 기회에 도서출판 추수밭에서 기획도서 자격을 얻어 세상에 나오게 되었다.

책의 핵심 아이디어를 구성하는 데 도움을 준 현재 일본을 대표하는 문학평론가이자 사상가 가라타니 고진柄谷行人 선생에게 고마움을 전한다. 《철학의 기원》(2015)에서 선생께서 보여주신 소크라테스의 '단독성'에 대한 평가에, 《세계사의 구조》(2012)에서 개인의 존재 조건을 '자유'로 규정하고 그 자유를 '이동의 가능성'

이라고 해석하신 가라타니 선생의 통찰력에 이 책은 크게 빚지고 있다.

우리 모두가 인간이라는 것은 누구나 잘 알고 있다. 하지만 이러한 앎은 '인간적인 문화'로 나아가기에는 충분치 않다. 휴머니즘의 정수를 담아낸 작품 창작으로 인간적인 문화 만들기에 앞장서 온 스튜디오 지브리의 미야자키 하야오宮崎駿 선생에게도 존경과 감사를 표하고 싶다. 자연의 심오함에 맞선 인간적 고뇌의 서사 〈모노노케 히메もののけ姫〉(1997)는 가벼움과 얕음으로 점철된 지금 시대에 대한 미야자키 선생의 진중한 메시지로 오래도록 기억될 것이다.

미야자키는 현재 세계가 격변기에 접어들면서 "이 시대에 어떻게 생각하고 어떻게 보고 어떻게 느끼는지 지독히도 많은 질문을 받고 있다"고 토로한 적이 있다.[2] 이와 같은 질문들이 안겨준 깊은 고민이 그로 하여금 은퇴 선언을 자꾸만 번복하게 만드는 결과를 가져오지 않았는지 짐작해본다. 은퇴작으로 알려졌던 〈바람이 분다風立ちぬ〉(2013)는 말할 것도 없고, 그가 현재 스튜디오 지브리에서 전념하고 있을 새로운 작품 〈그대들, 어떻게 살 것인가君たちはどう生きるか〉의 제작 동기도 이런 문맥에서 파악될 수 있을 것이다. 미야자키는 적어도 애니메이터 삶의 후반기에 접어들면서 동시대적 상황에 대한 비판적 고찰과 문제의식을 작품 창작의 핵심적인 동기로 삼고 있는 것으로 보인다.

〈바람이 분다〉는 '개인'의 이야기를 담아내면서 '시대'를 향해 질문을 던지고 이에 답하는 내용과 형식을 보여주는 대표적인 작품이다. 실존 인물 호리코시 지로堀越二郎를 주인공으로 설정했다는 이유만으로 상당한 논란을 불러일으켰던 작품이기도 하다. 1940년대 일본 군국주의 상징으로 여겨졌던 제로센零戰 전투기 설계자 호리코시 지로를 미화했다는 거센 비판이 작품의 문제의식 자체를 저해하는 사태까지 빚어냈던 것이다.

미야자키 하야오는 〈바람이 분다〉 관련 인터뷰에서 그 문제의식을 이렇게 요약하고 있다. 호리코시 지로의 운명은 "시대의 왜곡 속에서 꿈이 변형되고, 고뇌는 해결되지 않은 채로 살아야만 하는" 우리 자신들의 운명과 같다. 지금 이 순간에도 우리는 지로와 같은 삶을 살고 있으며, "시대를 사는 것은 그 시대의 왜곡과 함께 살고 있다는 뜻이다. 이 왜곡을 '자기 자신의 왜곡'이라 생각해도 좋다."[3] 시대의 왜곡과 그 시대를 살아가는 개인 자신의 뒤틀림이 톱니바퀴처럼 서로 맞물려 있음을 언급하면서 미야자키 선생은 무엇을 말하고 싶었던 것일까?

아름다운 비행기를 만들고자 했던 어린 시절의 꿈이 시대 상황 속에서 변형된 채 살아갈 수밖에 없었던 호리코시 지로의 운명은 '인간의 보편적 문제'로 인식되어야 한다는 것이다. 인간은 누구나 시대의 흐름과 함께 살아갈 수밖에 없다. 비행기에 대한 꿈과 열정으로 가득했던 지로가 그랬던 것처럼, 개인이 자신의 삶에 보다 치열하게 매진할수록 그는 시류의 중심과 더욱 맞물려 살아가게 된다. 삶에 대한 열정과 시대의 구심력은 정비례 관계에 있기 때문이다.

지로는 어린 시절부터 꿈꾸던 비행기를 전쟁으로 치닫는 군국주의 덕분에 만들 수 있었다. 그는 꿈을 이루기 위해 열심히 살았지만 그가 만든 비행기는 태평양 전쟁의 살상도구로 동원되었다. 그렇기에 〈바람이 분다〉는 인간의 삶에서 운명처럼 발견되는 아이러니와 모순에 관한 이야기로 이해될 수도 있다. 그리고 "열심히 살아왔다고 해서 모든 것이 면제되는가?"라는 질문을 남긴다.

이 지점에서 우리는 '휴머니스트' 미야자키 하야오와 마주하게 된다. 평소 좌파 지식인 행세를 해왔던 미야자키가 〈바람이 분다〉에서는 마침내 자신의 우파적 본색을 드러낸 것이 아닌가라고 비판하는 사람들도 많았다. 하지만 미야자키는 보수, 진보의 이념적 지형도와 진영 논리를 넘어 처음부터 휴머니스트의 시각으로 인간과 세계를 들여다보고 그에 대한 자신의 생각을 작품으로 구현해왔다. 〈바람이 분다〉에서도 미야자키는 그리지 않으면 안 되는 것이 '개인'이었고, 자신의 꿈에 직진하는 '인간'을 그리고 싶었다고 힘주어 말하고 있다.[4]

제목 '바람이 분다'는 프랑스 시인 폴 발레리Paul Valéry의 시 〈해변의 묘지〉 마지막 구절 "바람이 분다. 살아야겠다"에서 가져온 것이다. '바람이 분다'는 호리코시 지로와 동시대를 살았던 소설가 호리 타츠오墨辰雄의 작품 제목이기도 하다. 애니메이션은 제로센 전투기 설계자 호리코시 지로(1903~1982)의 젊은 시절을 담았으며 여기에 동시대 작가 호리 타츠오(1904~1953)가 쓴 자전적 소설《바람이 분다》(1941)의 애틋한 로맨스가 함께 어우러져 있다. '바람'에 담겨 있는 의미에 관한 질문에 미야자키 선생은 이렇게 답한다. "바람은 시대의 거센 변화를 의미"하는 동시에 "생명이 살아 있다는 증거"이기도 하다고.

미야자키 하야오는 살아야 한다는 것에 역점을 두면서도 '시대를 살아가는 것'과 '시대에 휩쓸리는 것'을 구분한다. 시대에 휩쓸려 버린 것을 두고 시대를 살았다고 할 수 없다는 것이다.[5] 시대를 사는 것은 불가피하게 그 시대의 뒤틀림과 함께 사는 것이다. 하지만 그 시대적 상황이 빚어낸 자기 자신의 왜곡을 반성적으로 통찰하기 위해서는 시대의 파고에 맹목적으로 휩쓸리지 말아야 할 것이다. 그렇다면 영화 〈바람이 분다〉에서 호리코시 지로는 시대를 살았던 인물로 묘사되는가 아니면 시대에 휩쓸려 버린 인물로 재현되는가? 그가 후자로 비춰진다면 휩쓸림의 이유는 무엇일까? 관객들에게 안겨지는 일련의 질문이다.

주인공 지로는 단지 비행기를 만들고자 했던 순수한 청년일 뿐이며 그의 전쟁협력 행위조차도 그 당시의 그릇된 현실 탓일까? 〈바람이 분다〉는 시대를 잘못 만난 개인의 꿈과 열정에 관한 이야기일까? 그렇게 설정되었다면 이 작품은 태평양 전쟁의 선봉에 섰던 전투기 설계자를 미화했다는 비난에서 자유로울 수 없을 것이다. 그러나 영화는 그보다 더 복잡한 의미구조를 드러낸다. 지로는 시대 상황을 제대로 인식하고서 스스로 어떤 '선택'을 행한 인물로 암시된다. 동시대적 조건에 맞춰서라도 자신의 아름다운 꿈을 반드시 이뤄보겠다는 '이기적인 선택'을 자행한 인물로서 말이다. 이런 점에서 일본 영화평론가 마치야마 토모히로町山智浩는 〈바람이 분다〉를 '인간의 이기심에 관한 무서운 영화'라고 평했다.[6]

영화에서 지로는 비행기를 두고 그저 '아름다운 것'이라고만 표현하지 단 한 번도 모든 사람에게 이로운 것 또는 편리한 것이라고 말하지 않는다. 그가 꿈꾸던 비행기가 전쟁병기이든 뭐든 상관없이 오로지 자신에게 아름다운 것을 구현해내는 것만이 궁극적 목표가 된다. "꿈은 광기를 품고 그 독을 숨기고는 한다. 아름다운 것에 대한 동경은 인생의 덫이기도 하다."[7] 세상의 모든 지식을 얻기 위해 악마에게 자신의 영혼을 매도했던 파우스트 박사처럼, 어릴 적부터 꿈꿔왔던 비행기를 만들기 위해 전쟁협력조차도 거부하지 않는 지로의 경우는 '파우스트적 선택'의 또 다른 예시처럼 보인다.

호리코시 지로가 전쟁을 향해 질주하는 군국주의의 야만적 현실에도 불구하고 자신의 이기적인 꿈을 이루기 위해 그 현실에 순응한 채 살았던 인물이라면 그에게서 동시대적 상황에 대한 비판적 고찰이나 문제의식 같은 것은 기대할 수 없다. 미야자키 하야오는 누구든지 문제의식을 갖지 못한다면 시대의 조류에 휩쓸릴 뿐이라고 주장한다. 개인이 문제의식을 갖는다는 것은 격변하는 시대가 어디로 가고 있는지 삶의 매 순간 그 방향성에 대해 통찰하고 그 시대의 제약 속에 서 있는 자신에 대해 성찰한다는 것을 의미한다. 미야자키에게 문제의식은 자유로운 개인의 '살아가는 힘' 그 자체일 것이다. 그렇기에 그는 〈바람이 분다〉라는 작품을 가지고 우리를 향해 다음의 질문을 던진다. "그대들, 어떻게 살 것인가?"

　다소 모호하지만 결코 간과될 수 없는 미야자키의 문제의식은 지금 시대의 '개인'이란 존재가 처해 있는 실존적 곤경을 이해하는 키워드임이 분명하다. 호리코시 지로가 비행기 꿈을 꾸었던 20세기 쇼와昭和 전반기의 뒤틀림을 가져온 것이 군국주의라면, 코로나19바이러스에 포획된 21세기의 왜곡을 추동한 주범은 자본주의 시장시스템이라는 사실을 부정할 수 없을 것이다. 쇼와 군국주의와 현재의 시장체제는 인간 존재가 그 속에서 단순한 부속품으로 소모되는 거대한 기계장치와 다름없다. 이 두 가지 서로 이질적인 기계체가 공유하는 작동원리가 있다면 그것은 바로 '전체주의'일 것이다. 이처럼 외부적 결정이 압도적인 지배력을 갖는 시대를 살아가는 누군가에게 '개인주의자'가 된다는 것은 인간으로서 자신의 존엄을 지킬 수 있는 마지막 '방어기제'일지도 모른다.

　인류 역사는 신의 지고한 섭리가 주도하는 변화의 과정으로 이해될 수도 있고, 정신이나 물질의 근원적 작용이 빚어내는 현상적 사건들의 연관으로 해석될 수도 있다. 그런데 보다 현실적인 관점을 취한다면 역사 그 자체는 바벨탑을 연상시키듯 더 높이 쌓아 올려진, 헤아릴 수 없는 개인들이 묻혀 있는 장대한 스케일의 무덤이다. 그 무덤의 여러 층위에는 소크라테스에서 호리코시 지로를 거쳐 익명의 택배기사들에 이르기까지 시간의 흐름에 따라 존재와 무 사이에서 명멸했던 무수한 개인들이 영면하고 있다. 바로 그 개인들을 망각하지 않고 기억 속에 담아내는 일, 이는 진정한 '역사의식'이 반드시 챙겨야 할 과제가 아닐까 생각한다.

끝으로 이 책이 한 권의 교양서로 분류된다면 그와 관련해서 "인간 삶의 한가운데서 교양이란 무엇인가"라는 물음을 던져본다. "나는 어떤 인간이 되고 싶은가", "나는 어떤 세계에 살고자 하는가". 이와 같은 질문에서 출발하여 자기 자신과 시대에 응답하는 지적 체력이 교양이 아닌가. 교양은 일상의 절박한 문제에서 시작되는 사색의 여정이기도 하다. 그렇기에 바로 그 여정 안에서 현실과 지식의 연결점이 발견될 수 있을 것이다.

3장 개인은 지금 어떤 시대를 사는가

4장 개인주의 사용을 위한 15가지 제안

나오는 글

주석 247

1장

/

개인주의란
무엇인가

가장 개인적인 것이 가장 창의적인 것이다.

_봉준호, 2020년 아카데미 시상식에서

근대문명의 코어이자
자유와 평등의 주체

/

제92회 아카데미 시상식에서 영화 〈기생충〉의 봉준호 감독은 감독상 수상 소감을 이렇게 전했다. "가장 개인적인 것이 가장 창의적인 것이다." 이는 봉 감독 자신이 오래전부터 존경해왔던 할리우드의 거장 마틴 스코세이지Martin Scorsese가 어느 인터뷰에서 했던 말("영화의 관점이 명확하고 개인적일수록 그 영화의 예술성이 높아진다")을 재해석한 것이다.[1]

이 소감은 대내외적으로 많은 이들에게 깊은 인상을 남겼으며 큰 반향을 불러일으켰다. 그런데 '가장 개인적인 것이 가장 창의적'이라는 말은 대체 무슨 뜻일까? 뭔가 알듯하면서도 신기루처럼 명확하게 거머쥘 수 없는 표현처럼 들린다. '창의적'이라는 말은 언뜻 이해가 가지만 '개인적'이라는 말은 그 의미가 다소 모호하다. 그 수상 소감에 함축된 의미를 찾아내려면 먼저 '개인적인 것'이 무엇인지 파악되어야 하지 않을까? 개인적인 것을 이해하려면 '개인'이라는 존재가 인식되어야 하고, 그 존재가 영위하는 삶의 방식, 즉 '개인주의'가 포착되어야 할 것이다.

이 세상에서 인간만이 지을 수 있는 가장 거대한 집은 무엇일까? '문명'이라는 이름의 건축물은 지구상의 모든 생명체 가운데서 유일하게 인간만이 창조할 수 있는 것 아닌가? 우리가 상상할 수 있는 가장 거대한 집은 문명이며, 이것은 인간이 지금까지 생존을 위해서 시도해온 최상의 집짓기다. 이처럼 문명을 집에 비유한다면 현재 우리가 살고 있는 세계는 어떻게 만들어졌을까? 이 세계는 독특하게도 2층에 자리하고 있으며 위층을 떠받치고 있는 아래층은 '근대문명'이라는 건축구조물이다. 이렇게 근대문명과 현대 세계의 관계는 1층에서 2층으로 이어진다. 근대문명이라는 기반 위에 세워진 것이 '지금 우리가 사는 세계'다.

지금의 세계는 어떤 문명적 유산과 자산을 물려받아 운영되고 있는가? 현대 세계를 만든 것이 근대 서구문명이라는 점을 부정할 수 없을 것이다. 그렇기에 현대 세계의 형성과 문명의 성취를 말한다고 해서 그것이 반드시 '서구중심주의'는 아니다. 근대문명의 업적, 성취, 유산이 이제는 인류 전체의 것이라는 관점을 가질 필요가 있다. 민주주의라는 정치제도가 근대 서구에서 발전했다는 역사적 사실 때문에 민주주의가 서구만의 것인가? 그 정치체제를 만들고 발전시키는 것이 서구중심주의는 아니다. 인권을 말하는 사람이 모두 서구중심주의자가 아니듯이 말이다. 지금 세계는 물론 미래세계에서도 인류 전체가 나누어 가질 만한, '문명의 보편적 자산'으로 발전시킬 만한 근대문명의 유산이 어떤 것인지를 알아보는 일이 선행되어야 한다.

근대문명의 중핵core은 바로 개인이다. 전근대 문명을 지탱했던 원리는 '지배와 종속'이었다. 근대문명이 발명하고 추구한 가치는 '자유와 평등'이며 그 가치의 주체가 개인이다. 자유와 평등이라는 핵심 가치를 양쪽 어깨에 짊어지고 등장한 개인들은 민주주의와 시장자본주의가 전제하는 존재들이기도 하다. 근현대 세계를 형성하는 데 크게 기여한 민주주의와 자본주의는 개인의 자유와 평등에 그 토대를 두고 있다. 전근대적인 권위주의와 집단주의, 신분과 계급에의 예속 관계에서는 제대로 유지되고 발전할 수 없는 것이 민주주의와 시장경제가 아니겠는가.

전통적 삶의 질서가 붕괴되고 개인의 자유를 위한 공간이 점차 확대되면서 삶의 제반 관계가 개인화하는 역동적인 변화가 발생한다. 그리하여 '근대화'라는 개념은 여러 측면에서 그 뜻이 이해될 수 있겠지만 사회구성원들의 '개인화' 과정을 의미하기도 한다. 근대화와 함께 개인주의 시대가 도래했으며 현재 우리는 그러한 사회 조건 속에서 각자 개인으로서 살고 있는 것이다.

하지만 그럼에도 우리는 '개인주의 시대에 진정한 의미의 개인은 존재하는가?'라는 질문과 마주할 수 있다. 지금 이 세계는 개인의 존재와 관련해서 어떤 모순을 스스로에게 안기고 있을까? 개인들만이 살고 있는 세계에서 개인의 '불가시성'을 체험한다는 것은 곤혹스러운 일이다. 개인으로서 산다는 것은 도대체 어떤 것인가? '개인'이라는 단어와 마주치면 우리는 거침없이 욕망을 추구하면서 자기중심적으로 살아가는 한 사람의 모습을 쉽게 떠올린다. 그와 같은 개인의 삶의 방식을 '개인주의'라고 한다면 개인주의와 '이기주의'는 전혀 구분되지 않는다. 자기 이익 외에는 아무 것도 살피지 않는 이기주의가 개인주의로 둔갑하는 것이다.

한국 사회는 개인주의와 이기주의 간의 선명한 경계가 지워지는 문제를 안고 있을 뿐만 아니라, 집단이 개인보다 우위를 점유하는 전근대적 양상에서 탈피하지 못하고 있다. 아직도 개인의 존재 자체보다는 가족이나 출신 학교 및 지역과 같은 소속 집단의 정체성이 우선적으로 고려되는 경우가 흔하다. 가족주의, 연고주의, 서열주의, 권위주의, 민족주의, 국가주의 등은 개인의 개화開化를 억제하는 반反개인주의적 토양이다. 집단주의와 패거리주의가 만연한 한국 사회에서 특정 집단에 포함되지 않는, 혹은 포섭되기를 거부하는 누군가의 입장에서 본다면 '개인'은 깊이 탐구해볼 만한 개념이다.

개인주의는 어떻게
등장했고 몰락하는가

/

인간은 언제부터 집단의 굴레를 벗어던지고 개인으로서 자신의 삶을 스스로 개척해나갈 수 있었을까? 개인과 개인주의라는 것이 어떤 연유로 가치 개념으로 정립될 수 있었던가? 이와 같은 일련의 질문들과 함께 개인이라는 개념을 역사적 관점에서 탐색하는 것은 의미 있는 작업일 것이다. 근대에 이르기까지 인류의 역사는 무엇보다 **자유롭고 독립적인 개인의 탄생을 위한 부단한 노력과 투쟁의 과정**으로 이해될 수 있기 때문이다. 개인을 파악하는 열쇠는 그녀 또는 그가 역사 속에서 자신의 개별적 존재를 현실로서 창출하려 했던 자취를 발견하는 것이며, 이를 통해 스스로 개인주의 문화를 만들어가는 그 먼 길을 돌아보는 것이다.

이 책은 "개인으로서 존재하는 것은 어떤 의미를 갖는가"라는 질문에서 시작한다. 이 질문에 응답하기 위해 먼저 인류 문명의 전개 과정에서 개인의 상승과 몰락의 경로를 추적해본다. 고대에서 근대에 이르기까지 인간이 한 개인으로 살아가면서 어떻게 자신의 존재 의미를 획득했는지 2장에서 살펴볼 것이다. 3장에서는 현대 사회에서 개인주의가 봉착해 있는 딜레마와 한계에 대해 논의한다. 어떤 것과도 비교될 수 없는 개인의 존재가 대체 가능한 일개의 소모품으로 전락해버리는 현실에 대한 비판적 접근을 시도한다. 4장에서는 시장자본주의와 최첨단 기술의 동맹이 개별적 존재에 관한 모든 것을 앞질러 가는 시대에 "어떻게 살아갈 것인가"라는 본질적인 물음을 던지고, 그 존재의 빈틈을 채워줄 '개인주의 사용법'을 제안한다.

근대문명의 발명품으로 알려진 개인주의는 신분과 계급에 의해 소외되었던 '구체적인 인간에 대한 자각'에서 출발했다. 전근대 사회에서 인간은 독립적인 개체로 간주되지 않았다. 한 사람의 정체성을 규정하는 것은 그녀 또는 그가 소속된 가문과 신분이었다. 근대의 여명기에 태동한 개인주의는 개인의 자유와 권리를 중시하는 삶의 태도와 가치관을 가리킨다. 이는 민주주의와 시장경제 발전의 토대가 되었으며 현대인의 삶의 방식에 밑그림을 그렸다. 개인주의는 인간의 존엄성을 내세우는 **휴머니즘**과 함께 탄생했다. 인간 존엄에 대한 확신은 개인들이 누구로도 대체될 수 없는 고유성과 유일성을 지닌다는 생각을 일깨워주었다.

하지만 근대 이후 개인주의가 추구해온 이상과 가치들은 시장에서의 경쟁력을 생존의 조건으로 강제하는 시장지상주의에 패배했다. 지금의 세계에서 자본의 세력과 이에 기생하는 매스미디어는 개인의 삶을 공허한 허영의 시장으로 내몰고 있다. 이처럼 거대한 덫으로 탈바꿈한 세계에서 개인은 다른 개인과 비교될 수 있고 혼동될 수 있으며 심지어 교체될 수 있다. 오늘날 개인주의의 수사학은 전 지구적 차원에서 전개되는 집단적 모방의 형식에 사로잡혀 있다. 이와 같은 포섭됨의 결과는 '자유로운 강제의 역설', 혹은 '파편화와 동일화의 양면성'으로 나타난다.

현대 사회에서 자유로운 개인으로서 존재하는 것이 어떻게 가능한가? 개인주의 시대의 개인은 오히려 **동일성**에 갇혀 있지 않는가? 모두가 자기보존을 이유로 동일성을 추구하는 가운데 각자의 개별성은 현실에 순응하려는 노력 앞에서 개인의 의식 바깥으로 사라지지 않았는가? 개인의 사회적 생존 조건과 개별성 사이의 대립이 개별성 자체의 본질적 요소라면, 오늘날 이런 대립은 근본적으로 삭제된 것처럼 보인다. 개인주의 시대의 화두는 자기보존이지만 보존해야 할 그 어떤 자기self도 존재하지 않는다.

자유롭고 독립적인 개인들로 구성된 현대 세계가 스스로 감당할 수 없을 정도의 **파편화**를 경험하는 현상도 발생한다. 개인적 이해관계 앞에서는 그 어떤 동기도 무력해지는 세계에서 사회적 결속의 끈들은 끊어지고 인간관계는 파편화로 치닫는다. 그런데 개인들이 오로지 자기이익에 대한 관심에 사로잡혀 있다는 점에서 서로 점점 더 같아지고 있는 동일성 사태는 오직 '모방'을 통해서만 그 개인들이 잘 살아갈 수 있다는 것을 말해준다. 파편화와 동일화는 결국 동전의 양면과도 같은 관계에 있는 것이다.

자기보존에 집착하는 신자유주의적 개인화의 법칙이 새로운 형태의 전체주의를 정초하듯이, 디지털화된 개인주의도 데이터 시스템이라는 막강한 **집단성**에 포획되어 있다. 페이스북과 인스타그램의 시대에 디지털 미디어는 개인에게 사적이고 내밀한 모든 것을 '업로드'하라고 지시한다. 개인으로서 독립적으로 존재하는 것 자체는 아무런 의미도 없다. 디지털 네트워크와의 연결만이 개인적 경험이 얻고자 하는 모든 의미의 원천이 된다. 그 결과 자유로운 개인은 지구 전체를 아우르는 데이터 처리의 시스템 속으로 흡수된다. 이제 개인은 자신의 존재 가치를 데이터 시스템에다 증명해야 한다.

근대인의 정체성,
개인·시민·인간

/

고대에서 근대에 이르기까지 인류의 역사는 자유로운 개인의 탄생을 위한 오랜 투쟁의 과정이라 했다. 개인의 역사를 돌이켜볼 때 소크라테스의 경우는 인간이 한 개인으로 살아가면서 자신의 존재 의미를 어떻게 획득하는지 선명하게 보여준다. 소크라테스는 스스로 죽음을 선택하면서까지 **자유인**으로서 존재하기를 원했다. 도시국가polis의 구성원에 머물지 않고 세계시민cosmopolitan으로 살고자 했던 것이다. 공동체에서 벗어난 개인의 **단독성**은 세계시민으로의 도약에 대한 전제조건이다. 어떤 도약 없이는 보편적인 것의 성취가 불가능하다.

소크라테스에게서 발견되는 '개체성에서 보편성으로의 도약'

은 근대적 개인의 탄생을 예고한다. 칸트는 이 도약으로부터 **근대적 정체성의 세 겹**(개인·시민·인간)을 이끌어낸다. 근대적 정체성의 세 겹에 대응하는 사회구성체의 형태는 **개인주의·민주주의·휴머니즘의 결합체**다. 이런 혼합체를 현실적으로 구현할 수 있는 윤리적 조건은 근대적 정체성의 세 겹 사이에서 자유로운 이동의 가능성을 펼쳐 보이는 개인의 판단과 선택일 것이다. 소크라테스처럼 단독성에서 보편성으로의 이행이 가능한 개인, 그러한 개인의 윤리적 결단에 기초한 것이 개인주의·민주주의·휴머니즘의 결합체다. 자유로운 개인이야말로 근현대 문명에서 중핵의 자리를 차지하며, 그 개인들을 결속시키는 '관계의 건축술'이 현존 문명 자체의 '문명화'에 기여할 것이다. 자유로운 개인으로 하여금 자신으로부터 '인간다운 역량'을 이끌어내게 하고, 그 역량이 인류 문명에 기여하게 함으로써 '문명화'는 진전될 수 있을 것이다.

앞서 말했듯이, 인류 전체가 공유할 만한 근대문명의 유산 목록에는 어떤 것들이 있는지 살펴보는 일이 중요하다. 개인주의도 '문명의 보편적 자산'으로 발전시킬 만한 것이라면, 이와 관련해서 한국 사회에서 개인주의가 이기주의로 쉽게 둔갑해버리는 문제점에 대해 먼저 생각해보자. 개인주의가 이기주의와 어떻게 다른지 물어보면 많은 사람들은 '개인주의가 곧 이기주의'라고 응답한다. 간혹 어떤 사람들은 이렇게 주장하기도 한다. 이기주의는 타인에게 피해를 주면서까지 자기만 생각하는 것이고, 개인주는 타인에게 피해를 주지 않는 범위 내에서 자기가 하고 싶은 대로 하는 것이라고.

　개인주의와 이기주의 간에 어떤 차이가 있는지 파악하기 위해서는 이 둘을 먼저 영어로 바꿔보는 것이 필요하다. 이기주의를 뜻하는 영어 단어는 'egoism'이다. 반면에 개인주의는 'individualism'이다. egoism은 말 그대로 'ego', 즉 '자기'만을 위하는 삶의 태도 내지 행동 방식을 가리킨다. 그런데 individualism이란 단어에서 눈여겨볼 부분은 'individual', 즉 '개인'이다. 나도 개인, 그녀도 개인, 그도 개인이다. 이 세상에 존재하는 모든 개인을 인정하고 존중하는 것이 개인주의의 뜻이다. 그런 의미에서 개인주의는 휴머니즘과 동근원적이며 인권 개념과도 분리되지 않는다. 집단을 쪼개어나갔을 때 맨 마지막에 남는 것이 개인이다. 개인은 in-dividual, 더 이상 쪼갤 수 없는 존재다. 그렇다면 개인은 왜 쪼개질 수 없는가? 개인은 이 세상에 단 하나밖에 없는 존재이자 존엄한 인간으로 불릴 수 있는 최소한의 단위이기 때문이다.

2장

/

우리는 어떻게
개인이 됐는가

개인주의는 자유에 대한 내적, 외적 제약이
얼마나 강하고 복잡한가에 달려 있다.
_이언 와트,《근대 개인주의 신화》

이디오테스,
'바보'로 불리는 개인의 탄생

/

'개인'이라는 말의 정확한 의미는 무엇일까? 한자어 個人은 '낱낱의 사람'이라는 뜻이고, 영어 individual은 라틴어 형용사 'indivídŭus', 즉 '더 이상 나뉠^{dīvídŭus} 수 없는ⁱⁿ⁻'에서 유래한 것이다. indivídŭus는 그리스어 'atomos(분할할 수 없는)'를 번역하는 데 사용된 말이기도 하다. 개인이 '더 이상 나누어질 수 없는 존재'를 가리킨다면, 먼 옛날 전통 사회에서 개인주의자가 치러야 했던 대가는 혹독한 것이었다. 모든 사람은 자신이 소속된 공동체로부터 분리될 수 없었고 그 공동체의 한 부분을 이루면서 살아가야 했다. 공동체의 집단적 삶에서 벗어난다는 것은 징벌이었고 '개인적' 파멸을 의미하기도 했다.

개인이 '더 이상 쪼개질 수 없는 존재'라고 한다면 그것은 의미상 어떤 집합체의 균열(쪼개짐)을 암시하기도 한다. 이와 같이 균열을 전제하고서 그 모습을 드러내는 것이 개인이라면, 결집력이 강한 조직과 집단에게 있어 그런 존재는 사전에 척결되어야 마땅한 대상이었다.

아리스토텔레스도 《정치학》에서 자기 혼자만으로 충분하기 때문에 "공동체 안에서 살 수 없거나, 자급자족하여 그럴 필요를 느끼지 못하는 자는 들짐승이거나 신일 것이다"라고 주장했다.[1] 단지 인간을 사회적 존재로 보려는 의도에서 했던 말일 수 있겠지만, 아리스토텔레스가 개인에 앞서 공동체의 우위를 내세우고 있다는 점도 간과할 수 없다.

가라타니 고진은 고대 그리스 아테네에서 최초로 '개인'으로서 살려고 했던 인물이 소크라테스였다고 주장한다. 소크라테스는 자신의 목숨을 대가로 치르면서까지 개인으로서 존재하려 했다는 것이다. 그는 왜 개인으로 살고자 했을까? 소크라테스는 도시국가의 성원에 머물지 않고 세계시민으로 존재하려 했다.[2] 공동체에서 벗어난 개인의 **단독성**은 세계시민으로의 도약에 대한 전제조건이다. 어떤 **탈출**, 어떤 **비약** 없이는 **보편성**의 성취가 불가능하다.[3]

소크라테스의 사례가 말해주듯이, 전통 사회에서 개인으로서 산다는 것은 아주 힘겨운 일이었다. 소크라테스의 동시대인들에게 폴리스의 구성원으로서 살아가는 것, 즉 시민으로서 행동하는 것은 바람직했지만, 개인으로서 존재하는 것은 공동체의 멸시와 배척, 심지어 징벌을 가져오는 사유가 됐다. 영어의 '바보idiot'라는 단어가 개인을 뜻하는 그리스어 '이디오테스idiōtēs/ἰδιώτης'에서 유래하는 것을 봐도 알 수 있듯, 공동체를 벗어난 외톨이는 죽기로 작정한 바보와 같았다. 아테네 최초의 개인idiōtēs으로 살고자 했던 소크라테스는 필연적으로 바보·멍청이가 될 수밖에 없었다.

이디오테스는 원래 공적인 영역에는 관심이 없고 사적인 일에만 몰두하는 사람, 즉 사인私人을 가리키는 말이었다. 소크라테스가 이디오테스로 간주되는 것은 그가 공적인 것에 무관심했기 때문이 아니다. 그는 죽음에 이르게 되면서까지 공인과 사인의 구분 그 자체를 문제시했던 인물이다. 소크라테스는 아테네에서 당연시했던 공公과 사私의 구별과 그에 따른 신분적 차이를 부정했다.[4] 그에게 공적인 것은 곧 보편적인 것이었으며, 그것은 폴리스 공동체에 구속되지 않고 세계시민으로서 판단하고 행동하는 것이었다.

독일 비판이론가 막스 호르크하이머Max Horkheimer도 소크라테스가 "개인의 자율성을 명시적으로 드러낸 선구자"라며 '개별성의 추상적 이념'을 알린 최초의 사람이라고 주장한다. 그는 소크라테스에 대한 재판을 문명의 역사에서 "개인의 양심과 국가, 그리고 이상과 실재가 하나의 심연에 의해 분리되기 시작한 단계"

를 가리키는 것이라 보고 있다.[5]

소크라테스가 추구했던 '보편적인 것=세계시민적인 것'은 아테네 공동체 안에서는 집단적 합의에 반하는 것이었다. 그렇기 때문에 그것은 그저 '개인적인 것=사적인 것'으로밖에 보이지 않았던 것이다. 하지만 여기에서 '사적인 것=개인적인 것'은 '공적인 것=보편적인 것'으로 전환된다. 누군가 진정으로 공적이기 위해서는 공동체와 국가를 넘어선 사인私人, 즉 개인idiōtēs이어야 하기 때문이다. 소크라테스는 폴리스에 속하면서 코즈모폴리턴으로서 존재하려고 했던 이디오테스였다. 이런 문맥에서 가라타니 고진은 소크라테스에게서 칸트적 계몽의 기원을 발견한다. 소크라테스야말로 인류사에서 이성을 '공적으로' 사용한 최초의 인물이며, 그런 의미에서 근대적 계몽의 선구라는 것이다.[6]

소크라테스의 경우가 보여준 것처럼, 개별적인 것과 보편적인 것 둘 다 내부적 결속력이 강한 집단과는 근본적으로 충돌한다. 개별적인 것과 보편적인 것 사이에는 어떤 긴밀한 연관성이 존재하기 때문이다. 사회학자 게오르그 짐멜Georg Simmel도 "삶의 가장 광범위하고 보편적인 내용과 형식들은 가장 개별적인 것과 밀접한 연관성을 지닌다"고 밝힌다. 그리고 이러한 연관성은 '객관적이고 역사적인 타당성'을 지니며, '가장 보편적인 것과 가장 개별적인 것' 모두 결속력이 강한 조직과 집단을 적으로 갖는다.[7]

여기에서 '가장 보편적인 것'은 '휴머니즘'을, '가장 개별적인 것'은 '개인주의'를 가리키는 것으로 해석될 수 있다. 결속력이 강하고 폐쇄적인 집단일수록 개인주의와 휴머니즘이 자리할 곳은 없다. 그런데 '인권' 개념에 응축되어 있는 것이 바로 이 두 가지, 개인주의와 휴머니즘이 아닌가. 인권은 '개인'으로서 살아갈 수 있는 힘이자 '인간'으로서 내가 마땅히 누려야 할 권리이기 때문이다. 한 사회의 폐쇄성의 정도에 반비례하는 것이 인권 보장의 수준이라는 점에 주목해야 한다.

개별성은 보편성의 전제조건이 되기도 한다. "개인주의 없이는 보편주의도 없다. 개인주의는 소속집단을 넘어 보편주의로 나가는 통로"이기 때문이다.[8] 소속 공동체의 지배질서를 거부하고 그에 맞서는 개인의 단독성은 집단적인 것을 넘어서 보편적인 것을 구현하는 단초가 된다. 세계시민적이고자 하는 개인(소크라테스)의 결의가 없다면 세계시민사회는 존재하지 않는다. 보편성을 추구하는 개인의 윤리적 결단, 그와 같은 개인의 존재 방식이 단독자이며 "단독자만이 보편적일 수 있다".[9] 17~18세기에 이르러서야 비로소 개체성과 보편성이 기이하게 융합된 존재, 요컨대 근대적 의미에서의 '개인'이 세계의 전면에 등장한다. 근대는 그 특이한 존재에 대한 사회적 승인과 수용이 가능한 시대였던 것이다.

가라타니 고진도 보편종교와 개인 간의 연결고리에 주목한다. 보편종교로서의 유대교가 성립하면서 신은 부족이나 국가를 넘어 초월적이면서 보편적인 존재의 지위를 획득한다. 이에 대응해서 공동체로부터 상대적으로 자립한 개인이 등장한다. "국가나 공동체를 넘어서 초월화된 신"은 한편으로 "국가나 공동체에 의거할 수 없는 개인의 존재"와 맞닿는다.[10]

'유한한' 개인의
'절대적' 고양

/

기독교의 무한하고 전능한 신 앞에서 인간은 자신을 유한하고 미약한 존재로 자각한다. 영혼의 구원을 얻는 대가로 시도되는 지상에서의 자기 부정은 개체성을 근본적으로 삭제하는 것처럼 보인다. 하지만 소멸하는 육체로부터 분리된 영혼의 개념은 오히려 개체성 추구를 강화하면서 기독교적 의미에서의 개인을 탄생시킨다. 개인은 자신의 경험적 자아를 평가 절하하고 자기보존 의지를 부정함으로써 새로운 심연과 복합성을 획득한다.

신이 자신의 형상에 따라 인간을 창조하고 예수 그리스도가 인류를 위해 고난의 십자가가 되었다는 것은 이 세상에 존재하는 모든 이가 평등하다는 인식으로 귀결된다. 이와 같은 평등의 이념

덕분에 개별적 영혼의 가치가 고양되는 것이다. 신이 거주하는 장소로 여겨지는 개별 영혼의 개념은 오직 기독교와 더불어 등장했으며, 이는 개인의 무한한 가치를 확립하는 계기를 마련해주었다.

보편종교로서의 기독교가 애초에 지향했던 것은 기존의 국가나 공동체를 해체하고 개별 존재들의 상호부조적인 연합체를 창출하는 것이었다. 그것은 모든 믿는 자들의 평등에 근거하여 모든 구성원이 신 앞에서 '개인'으로 불릴 수 있는 그런 사회였다. 독일 역사가 리하르트 반 뒬멘**Richard van Duelmen**도 기독교는 "처음부터 개인을 상대로 이야기하는 종교였다"고 주장한다. 개인 한 사람 한 사람의 구원을 다루면서 노예나 피압박계층, 지배자나 귀족 할 것 없이 "가족적 연대와 지배의 관계를 벗어나" 모든 개인에게 말을 거는 종교가 기독교라는 것이다.[11]

그렇지만 기독교가 로마제국에 대해 영합적으로 변하고 제국의 지배질서에 흡수되면서 그 보편적인 성격을 상실하고 처음에는 제국의 종교로, 나중에는 국가와 공동체의 종교로 전환된다. 중세 유럽에서 기독교는 오로지 공동체의 종교로서만 존립한다. 소속 공동체의 위계질서가 행사하는 권위와 지배력 앞에서 개인은 설 자리를 잃어버린다. 공동체에 결박된 상태에서 개인의 자유를 위한 공간은 더 이상 남아 있지 않게 된다.

기독교와는 다르게 르네상스의 휴머니즘은 죽음으로부터 자유롭지 못한 인간의 개별성 자체를 절대적인 것으로 여긴다. 셰익스피어의 햄릿에게 개인의 존재는 절대적인 실체인 동시에 완전히 무상한 것이다. "인간이란 참으로 걸작품"이라고 탄식하는 햄릿은 인간 이성의 고귀함과 능력의 무한함, 생김새와 움직임의 깔끔함, 천사 같은 행동, 인간의 신과 같은 이해력 등을 찬미한다. 햄릿에게 인간은 "이 지상의 아름다움이요 동물들의 귀감"인 동시에 "흙 중의 흙"이다.[12]

르네상스 시대에 이르면 유한성에서 인간 실존의 의미와 삶의 절대적 가치를 발견하는 감성이 태동한다. 절대성과 유한성이 개인의 존재를 규정하는 양면성으로 나타난다. 죽음 앞에서 적나라하게 노출된 '인간 삶'의 무상함이 '개인적 삶'의 절대적 가치를 내면화하는 단서를 제공한다. 자연이 부여한 원초적 제약이 인간의 개별성을 절대적인 것으로 고양시키는 지렛대 역할을 하는 셈이다.

다른 한편으로 자유로운 개성의 발화를 가져온 것이 르네상스 인문주의이기도 하다. 역사가 야코프 부르크하르트Jacob Burckhardt에 따르면 르네상스 이전에 인간은 자기 자신을 단지 인종, 민족, 당파, 단체, 가족의 일원으로서만, 요컨대 일반적인 범주를 통해서만 인식했다. 이러한 범주의 장막이 처음으로 벗겨진 곳이 이탈리아였고, 특히 피렌체였다. 이로써 "인간은 정신적인 개체가 되었고 스스로를 그렇게 자각"한다. 이탈리아는 개성적인 인물로 넘쳐나기 시작하고, "개인주의 위에 씌워졌던 속박이 완전히 풀리"면

서 "저마다 다양한 면모를 끝없이 과시"하는 수천의 얼굴들이 등장한다.[13]

건축가이자 음악가, 수학자, 발명가, 문필가였던 레온 바티스타 알베르티Leon Battista Alberti를 비롯해서 단테, 페트라르카, 레오나르도 다빈치 등 다수의 인물들이 "모든 분야에서 독창적이고 고유의 완벽한 작품을 창조"한다. 동시에 그들은 최고의 인격 완성을 추구하는 '만능인l'uomo universale'으로서 자신을 키워나가고자 열망했다.[14] 이들 모두가 공유했던 것은 개인으로서 자기완성에 이르고자 하는 신념과 더불어 인간은 원하기만 하면 스스로 어떤 것이든 이룰 수 있다는 기대와 확신이었다.

부르크하르트의 논의에서 특히 주목할 점은 르네상스의 개인주의가 **세계시민주의**를 가져왔다는 사실이다. 재능이 많은 망명자들 가운데 세계시민주의가 일어났고 이는 개인주의의 절정이었다. 단테는 "세계 전체가 내 고향"이라고 주장했다.[15] 르네상스기에 이르러 '개인적인 것'과 '보편적인 것'이 다시금 조우한다. 이런 절묘한 만남을 가능하게 한 것은 거주지 속박에서 벗어나 자유를 추구했던 개인의 **이동 가능성·유동성**이다.[16] 배움이 있는 자는 어디에 자리를 펴든 그곳이 바로 고향이었다.

앞에서 서술했듯이, 개인주의는 보편주의의 전제조건으로 작용한다. 소속 집단을 거부하고 그로부터 자유롭고자 하는 개인의 단독성은 집단을 넘어서 보편적인 것을 구현하는 모멘트가 된다.

고대 그리스의 소크라테스에서 발현된 것이 르네상스 인문주의자들에게서도 발견된다. '개인적인 것'과 '윤리적인 것'은 근본적으로 분리되지 않는다.

개인의 발견은 르네상스와 마찬가지로 종교개혁 시기의 큰 주제였다. 종교개혁의 선구자였던 마르틴 루터Martin Luther는 교회의 부패와 타락을 혁파하기 위해 교회법 대신 성서에 근거하여 사제와 평신도의 차이를 부정하는 '만인사제주의'를 주창한다. 가톨릭교회의 사제와 같은 권위적인 중재자의 개입 없이 신과의 직접적인 소통을 통한 개별 영혼의 구원 가능성을 제시한 것이다. 만인사제주의는 개인 각자가 스스로 사제가 되어 자신의 구원을 책임진다고 본다는 점에서 종교생활의 근본이 개별 영혼의 추구에 있음을 드러냈다.

개신교와 개인주의 사이의 견고한 연결고리를 창안해낸 인물은 루터의 뒤를 이어 종교개혁을 이끈 프랑스의 신학자 장 칼뱅Jean Calvin이다. 칼뱅의 사상에서, 앞서 가라타니가 언급했던 분리될 수 없는 두 계기, 다시 말해 절대적 초월자로부터 계시된 보편성의 차원과 인간의 개체성이 다시금 조응한다.[17]

칼뱅의 예정된 구원론은 인간이 신을 제외한 다른 어떤 것에도 의존하지 않고 자신의 삶을 독자적으로 꾸려가도록 이끌었다. 예정론은 절대적 초월자 앞에 홀로 선 단독자 인간의 정신적 독립을 위한 단초로 작용하여 가톨릭교회의 위계구조 해체에 기여했다.

또한 예정론은 세속적 직업을 소명으로 여기는 태도를 확산시키고 부의 축적을 긍정적으로 바라보게 하는 동기도 부여했다. 개인의 정직하고 근면한 직업 활동이 가져다주는 성공은 구원에 대한 확신을 갖게 하는 근거로 여겨졌던 것이다.

'개인의 연대기'로서의 문학

/

근대 개인주의가 성립된 배경을 탐색하는 작업에서 문학은 중요한 안내자 역할을 담당한다. 밀란 쿤데라**Milan Kundera**는 문학, 그중에서도 소설을 '개인이란 무엇인가'라는 질문에 대한 답변의 시도로 보고 있다. 그에 따르면 소설은 근대의 여명기부터 언제나 충실히 개별적 인간을 따라다니며, 그 존재의 상이한 면모들을 발굴해냈다.

쿤데라에게 소설이란 '개인들의 상상적인 낙원'이다. 소설은 어느 누구도 '진리의 소유자'가 될 수 없는 영역이며, '모두가 이해될 수 있는 자격을 지니는 영역'이다.[18] 요컨대 소설이라는 상상적 세계는 '개인이 존중받는 세계'라는 것이다. 개인주의는 근대 유럽 문화의 '소중한 진수'이며, 이것은 '마치 금고에 보관된 것처럼' 소설의 역사와 소설의 지혜 속에 숨겨져 있다.[19]

15세기 중엽 구텐베르크의 활판인쇄는 필사본으로만 접할 수 있던 책을 대량으로 생산하게 해주었다. 인쇄술은 글을 읽을 수 있는 식자층을 증가시켰고 독서문화의 보급을 가져왔다. 인쇄술의 발달과 독서문화의 확산은 자기교육의 욕구를 자극했다. 자기교육에 크게 기여한 것이 문학작품이다. 문학은 수용자의 감성을 강화하고 그의 개체성 형성에 깊게 작용한다. 햄릿, 파우스트, 돈키호테, 돈 후안, 로빈슨 크루소 같은 문학작품의 주인공들이 독자들의 개체성 만들기에 동참하게 된 것이다. 세르반테스의 《돈키호테》, 다니엘 디포의 《로빈슨 크루소》 같은 작품들은 모두 근대적 개인의 문학적 구현이다. 특히 파우스트, 돈키호테, 돈 후안이 등장한 시기는 16세기 말과 17세기 초에 걸친 반종교개혁기Counter-Reformation, 즉 르네상스 인문주의와 종교개혁에 대항해서 전통적이고 권위적인 세력들이 로마 가톨릭교회의 깃발 아래 다시 힘을 모아 반격을 가하던 시대였다.

파우스트, 돈키호테, 돈 후안은 중세에서 근대로 넘어가는 과도기적 단계에서 사회의 위계질서가 정해준 자리에 머물러 있지 않았다. 그들은 하나같이 자유롭고 독립적인 개인으로서 살아가고자 했다. 이언 와트Ian Watt에 따르면 파우스트와 돈 후안 같은 이들은 이념적으로 반종교개혁 세력과 갈등하게 되며 그에 대한 처벌을 받는다.[20] 당대의 이디오테스로서 존재했던 그들 각자의 개별성은 이야기의 결말에서 징벌의 동기가 된다. 기독교와 이단적 전통(마법)의 오랜 갈등을 배경으로 한 파우스트 서사의 주인공은 마법사다. 그에게 마법은 개인으로서 자신의 존재를 구현하는 수단이다. 인간 지식의 한계를 넘어서는 마법에 대한 열정은 영혼의 파멸을 초래한다. 그런데 파우스트에게는 '영혼의 파멸'이 오히려 자신의 '개체성'을 반증하는 기회로 작용한다. 자기 자신을 파멸시킬 수 있는 것도 개인의 권리라고 한다면 이것은 지극히 반기독교적인 설정이 아니겠는가.

하지만 개인주의가 점차 확산되면서 '마법사' 파우스트와 '감각적 욕망의 화신' 돈 후안에 대한 인식의 변화가 발생한다. 18세기 후반 낭만주의 시대에 오면 반종교개혁기의 이야기 구조에서 비극적 결말을 장식했던 징벌적인 요소들은 삭제된다. "파우스트와 돈 후안은 더 이상 지옥에 가지 않는다."[21] 이언 와트는 파우스트, 돈키호테, 돈 후안의 이야기를 "우리 개인주의 사회에서 특별한 의미를 갖는 강력한 신화들"로 파악한다.[22] 우리가 그들의 이야기를 좋아하는 이유는 그들이 '아니라고 말할 수 있는 용기'를 가진 인간을 보여주기 때문이다.[23] '아니오No'라고 말할 수 있는 것은 '긍정Yes'의 상태 바깥에서 '부정의 힘'을 소환한다. '이동 가능성'과 마찬가지로 '부정성'도 개인의 존재 조건을 드러낸다. 사람이 한 개인이 되는 것은 확고부동한 진리와 타인들의 일치된 동의

를 상실함으로써 가능해진다.[24]

　근대로 들어서면 전통 사회의 이디오테스들은 과거의 유령처럼 시간의 저편으로 사라진다. 다니엘 디포**Daniel Defoe**의 《로빈슨 크루소》(1719)는 공동체를 떠나온 어떤 외톨이가 겪는 '무인도에서 30년간 홀로서기' 드라마다. 개인으로서 존재한다는 것은 곧 죽음이라는 구시대의 문법을 조롱이나 하듯이 실용적·합리적 사고로 무장하여 카리브 해의 외딴 섬에서 단독으로 자신의 삶을 경영해나가는 것이다. 전통적 가치들과의 단절 속에서 미지의 세계를 독자적으로 개척하는 한 인간에 관한 이야기가 근대적 개인의 등장을 알리는 또 하나의 신호탄이 되는 것이다. 18세기 근대소설의 주제는 '개인'이었다.[25] 이런 점에서 근대소설은 '개인의 연대기'라는 해석이 가능해진다. 근대 이전 사회의 권위주의와 집단주의, 계급과 신분에 의해 소외되었던 '구체적인 인간에 대한 자각'에서 출발한 것이 근대문학이다.

신민에서 개인으로,
근대문명의 지각변동

/

지구상의 모든 생명체는 제각기 집을 짓고 그 안에서 살아간다. 세상에서 인간만이 지을 수 있는 가장 거대한 집이 존재한다면 그것은 '문명'이라는 이름의 건축구조물일 것이다. 문명은 모든 생명체 중에서 유일하게 인간만이 창조할 수 있는 것이기 때문이다. '개미 사회' 또는 '개미 세계'라는 표현은 있어도 '개미 문명'이란 말은 없듯이 말이다. 우리가 상상해볼 수 있는 가장 거대한 집은 문명이며, 이것은 인간이 지금까지 생존을 위해서 시도해온 최상의 집짓기임에 틀림없다.

　이처럼 문명을 건축물에 비유한다면, 현재 우리가 살고 있는 세계는 어떻게 만들어졌을까? 이 세계는 독특하게도 2층에 자리하고 있으며, 위층을 떠받치고 있는 아래층은 '근대문명'이라는 이름의 건축구조물이다. 이렇게 근대문명과 현대 세계는 1층과 2층의 관계로 연결되어 있다. 1층에 해당되는 근대문명은 현대 세계의 토대가 되는 셈이다. 어떤 밑바탕 없는 상층구조의 존재는 현실적으로 불가능하다. 허공에 떠 있는 건축물의 모습은 판타지 작품에서나 기대할 수 있는 환상적인 장면일 뿐이다.

근대문명이라는 기반 위에 세워진 것이 '지금 우리가 사는 세계'다. 이 세계를 이해하기 위해서는 그 아래에 구축된 근대문명을 먼저 파악하는 것이 중요하다. 그렇다면 근대문명은 어떻게 만들어졌을까? 지금 우리가 살고 있는 세계의 토대가 되는 근대문명은 '과학혁명'을 선두로 시작되었다. 코페르니쿠스의 지동설을 계기로 사람들은 종교와 과학을 분리하게 되었고, 이는 과학적 사고의 발전을 가져왔다. 그로 인해 인간 스스로 생각하며 옳고 그른 것을 판단하는 이성의 힘과, 인간이 본래 가진 자유와 권리가 강조되어 '계몽운동'이 전개되었다.

이전 세계가 가진 법, 질서, 제도의 문제점을 해결하기 위해 '정치혁명'이 일어났으며, 가난을 극복하기 위해 이익추구와 시장을 옹호하는 '경제혁명'이 대두했다. 그 과정에서 떠오르는 '개인'의 중요성을 탐색하면서 근대문명이 어떻게 형성되었고 어떻게 전개되어 왔는지 파악할 수 있을 것이다. 근대문명이라는 거대한 집과 그 구조를 보다 선명하게 이해하기 위해서는 그 이전 시대의 또 다른 건축물을 살펴봐야 한다. 근대문명을 '전근대문명'이라는 건축구조물과 비교해보는 것이다. 근대문명은 전근대문명이 붕괴되고 그 잔해 위에 지어진 새로운 집이기 때문이다.

수천 년의 세월에 걸친 전근대문명의 장구한 역사는 '절대왕정'이라는 마지막 단계에 이르러 그 마침표를 찍는다. 15~16세기 서유럽에서 존속했던 절대왕정 체제에서 질서와 안정을 유지하며 그 체제 전체를 온전하게 지탱했던 것은 '지배와 종속'의 원리였다. 모든 것이 절대권력을 장악한 단 한 사람에게 집중되었던 세계, 혈통과 가문에 준거한 다양한 신분이 공존했던 세계가 절대주의 왕권 시대의 모습이다. 권력과 부를 독점한 왕의 전제적 지배 하에서 모든 사람은 신분의 차이를 넘어 똑같이 왕의 신하, 즉 신민^{臣民}으로서 복종했다. 전근대 문명의 원리가 지배와 종속이었다면, 구 문명을 와해시키고 그 잔해 위에 세워진 새로운 문명의 원리로 등장한 것이 '자유와 평등'이다.

16~17세기 과학혁명에서 사상혁명(계몽)과 정치혁명(민주주의)을 거쳐 경제혁명(시장경제)에 이르는 일련의 혁명은 구 문명을 패퇴시키고 그 잔해 위에 근대문명이라는 새로운 건축물 짓기를 가능하게 했다. 종교와 학문의 분리, 세속화, 민주주의, 인권, 합리주의, 시장경제, 과학기술 등이 근대문명이 이뤄낸 성취의 목록을 장식한다. 근대문명이 가져온 가장 주목할 만한 변화는 태생적 소속 관계로부터 벗어남과 동시에 '신민'이라는 단일 정체성에서도

자유로워진 '개인'의 출현이다. 전통적 신분질서에서 탈출한 개인은 이제 근대문명의 건축물 안에서 새로운 중핵의 자리를 점유하게 되는 것이다.

전근대문명은 수직적 **질서**에 의해 그 자체의 안정을 도모했다. 명령order이 질서order를 만든 것이다. 구 문명의 질서체계 안에서 자연질서, 종교질서, 신분질서는 삼위일체로 통합되어 있었다. 16세기까지 유럽에서 받아들여졌던 자연관은 고대 그리스에서 유래한 코스모스cosmos 개념에 의존하고 있었다. 코스모스 개념에는 조화롭고 질서가 꽉 잡힌 우주관이 반영되어 있다. 이것은 우주의 중심에 지구가 고정된 채 정지해 있고 그 주위를 천체들이 돌고 있으며 가장 바깥에 신의 세계가 자리 잡고 있음을 의미한다. 전근대 사람들은 이 우주관을 그대로 인간 세계에 투영시켰으며 국가 형태와 사회구조에서도 그것을 재발견해냈다. 지상계-천상계-신의 세계로 3분화된 우주구조에 준거해서 인간-교회-신, 왕-교황-신, 평민-귀족-왕과 같은 계층질서가 존재했던 것이다.[26]

질서는 자유를 제한했지만 사람들에게 세계 속에서 제자리를 정해주고 살아가야 할 방향과 목적을 제시했다. 이런 점에서 질서체계는 인간의 이기적 본성을 억제하는 시스템으로도 작용했다. 질서를 거역하지 않고 살아가는 것은 **자기보존**을 의미했다. 전근대적 의미에서의 자기보존은 질서에 의해 자신에게 주어진 목적을 달성하려는 일체의 행위를 가리킨다. 귀족은 귀족답게, 평민은 평민답게 사는 것이 행복을 여는 열쇠였던 것이다.

근대에 이르면 자기보존 개념은 질서체계와 완전히 작별한다. 독일 철학자 위르겐 하버마스Jürgen Habermas는 모든 존재자가 자연적 질서에 따라 자신에게 내재한 목적을 실현하려는 것이 과거의 형이상학적인 세계였다면 "근대적 사고는 자기보존의 개념을 그러한 최상의 목적들의 체계로부터 분리한다"고 설명한다.[27]

전통적 삶의 질서가 붕괴되자 이제 움직이는 것은 자유롭고 독립적인 개인들이다. 개인의 독립성과 자유를 위한 공간이 점차 확대되면서 삶의 제반 관계가 '개인화'하는 역동적인 변화가 발생한다.[28] 그러나 견고했던 질서체계가 무너지고 나면 그 잔해를 딛고 거침없이 발현되는 것이 인간의 이기적 본성이다. 인간 각자의 이기심을 넘어서는 것을 지시했던 전통적 질서가 해체되자 모두의 삶은 자기보존에 집중된다. 계층질서 안에 갇혀 있던 단일 정체성(신민)은 산산조각이 나고 이기적 개인들로 분산되면서 혼란과 무질서, 즉 '자연상태'가 대두한다.

홉스 식으로 표현하자면, 자연상태의 개인들은 자기보존을 위해 모든 것을 쏟아붓는 '늑대lupus'로 변신하고, 이는 '만인의 만인에 대한 투쟁'을 야기한다. 역사가 반 될멘도 개인의 이익추구 행위가 근대 초기 사회에 만연한 현상이었음을 지적한다. 물건을 터무니없이 비싸게 파는 길드나 사업을 독점하는 상인들은 모두 이기적 행동이라는 죄목으로 엄중하게 처벌되었다. 18세기까지는

'공익'이라는 질서가 공적으로 지지를 받았지만, 이 질서는 이미 '개인의 이기심'이 도처에 만연한 상황으로부터 비롯된 반응이기도 했다는 것이다.[29]

이런 시대적 상황에서 구 문명의 질서를 대신하여 자유로운 개인들의 협력과 결속을 가져올 수 있는 해법 찾기는 근대문명의 성패를 좌우하는 핵심과제로 주어진다. 과학혁명에서 경제혁명에 이르기까지, 이 일련의 혁명은 구체제를 무너뜨리는 동시에 기존질서를 넘어서 새로운 협력과 연대의 규범을 모색해야 하는 이중 과업을 안게 되었던 것이다.

해법 찾기와 관련하여 근대 과학혁명이 전개되는 과정에서 과학자들이 결성했던 런던왕립학회와 같은 '과학자들의 공동체'를 살펴보는 것이 중요하다. 또한 독일의 계몽사상가 임마누엘 칸트Immanuel Kant가 제안했던 '이성의 공적 사용'과 '정언명령'의 의미도 새롭게 조명되어야 한다. 홉스, 로크, 루소 같은 근대 정치사상가들이 내놓은 '자연상태'와 '사회계약'의 아이디어도 어떤 사실적 함의를 갖는지 탐색할 필요가 있다. 마찬가지로 공동체와 국가의 부를 창출하는 시장의 역할을 재발견하고 인간의 이기심을 적극 긍정했던 애덤 스미스의 경제사상도 동시대적 문맥 속에서 재검토되어야 할 것이다.

과학 공동체가
마련한 휴머니즘

/

영국의 수학자 제이콥 브로노우스키Jacob Bronowski는《과학과 인간 가치》에서 인간 정신을 개조하고 인간 사회를 구성하는 데 과학이 어떤 길잡이가 될 수 있는지 보여주고 있다. 브로노우스키는 개인들에게 자유를 허용하면서 동시에 그들을 결속시키는 것은 다름 아닌 **가치**라고 주장한다.[30] 이 같은 가치가 구현되는 장소가 바로 **과학자들의 공동체**다. 독립성, 이의 제기, 공정성, 상호존중, 관용, 인간 존엄성은 과학이 요구하고 형성해가는 가치들이다. 이런 가치들로 인해 과학자들은 탐구의 자유를 보장받고 서로 긴밀히 협력한다. 그 결과 그들의 공동체는 그 어떤 사회구성체보다도 긴 생명력과 견고함을 얻는다.[31]

이렇게 브로노우스키는 과학적 탐구활동과 인간적 가치 사이에서 어떤 연결고리를 발견한다. 이 연결고리는 근대 과학혁명의 전개 과정에서 성립된 과학자들의 공동체가 새로운 문명의 건축물 안에서 함께 살기의 기본 원칙을 제시하고 있음을 알려준다.

인류가 지구에 출현한 이래 태양은 어김없이 동쪽에서 떠서 서쪽으로 기울었다. 수천 년간 사람들은 태양을 포함해서 모든 별들이 지구 주변을 돌고 있다는 견해를 의심해본 적이 없었다. 그들은 자신들의 눈에 보이는 그대로 믿었던 것이다. 그런데 16세기 중엽 오랜 세월에 걸쳐 하늘을 쳐다보며 별들의 움직임을 관찰했던 니콜라우스 코페르니쿠스Nicolaus Copernicus는 '하늘이 돌지 않고 땅이 돈다'는 충격적인 주장을 세상에 내놓는다. 그의 주장대로라면 인간은 우주의 중심에 있는 것도 아니고 신의 가장 고귀한 창조물도 아니다. 인간은 태양 주변의 어느 작은 행성에 거주하는 미미한 생명체일 뿐이다. 중심과 주변이 자리바꿈을 한다.

코페르니쿠스는 단순히 하나의 과학이론을 발표한 것이 아니라 우주에서 인간이 차지하고 있는 지위와 인간의 존재 의미에 관한 놀라운 사실을 제시한 것이다. 그의 태양중심설은 지구와 지구에 사는 인간이 그동안 기독교의 후광으로 우주에서 누렸던 특권적 지위를 단번에 박탈하는 획기적인 발견이었다. 역사가들은 코페르니쿠스의《천체의 회전에 관하여De revolutionibus orbium coelestium》가 출판된 1543년을 근대 과학혁명이 시작된 시기로 간주한다.

이 책의 출판으로 아리스토텔레스에서 프톨레마이오스를 거쳐 수천 년간 지속되던 오류가 수정된다.

이처럼 근대문명을 그 이전 문명과 구분 짓는 '과학혁명Scientific Revolution'이라는 인류 문명사의 대사건이 16세기 유럽에서 전개되었다. 근대 과학혁명은 인간이 스스로를 이해하는 방식, 세계를 인식하는 방식, 자연을 설명하는 방식, 지식이 생산되는 방식에서 엄청난 변화를 가져왔다. 이 일련의 변화와 함께 "세계는 그 이전의 세계이기를 중지하고 시대는 달라지고 인간의 사고방식에도 대전환이 일어난다. 새로운 세계, 새로운 문명이 탄생한다. 역사는 이 새로운 세계와 문명을 근대세계라 부르고 근대문명이라 부른다".[32]

과학혁명 이전의 시대와 이후의 시대는 어떻게 다른가? 과학혁명이 이룬 성취는 과학 분야에만 국한된 것이 아니다. 서양이 르네상스를 거쳐 근대로 이행하는 데 원동력이 되어준 것이 과학혁명이다. 18세기의 계몽사상은 물론이고 프랑스혁명이나 미국 독립혁명 같은 민주주의 혁명의 근저에는 과학혁명의 흔적이 짙게 깔려 있다. 근대문명의 진정한 기원으로서 과학혁명은 서양만이 아니라 세계 전체에 깊은 영향을 주었다.

그런데 신학을 공부했던 코페르니쿠스가 어떻게 교회의 가르침을 뒤집는 학설을 제기할 수 있었던가? 고대 그리스의 아테네에서 이디오테스로 살고자 했던 소크라테스의 정신이 16세기 폴란드의 코페르니쿠스에서 재현된 것처럼 보인다. 소크라테스가 폴리스의 닫힌 공간 안에서 세계시민적인 것을 추구했다면, 코페르니쿠스는 교회의 지배력과 독단의 울타리 안에 감춰져 있던 과학적 진리를 세상에 알리고자 했다. 그는 진리를 말하는 용기를 가졌던 소크라테스의 후예로서뿐만 아니라, 칸트가 말했던 '이성의 공적 사용'을 보여준 계몽의 선구로 평가되어야 할 것이다.

1660년, 영국 런던에서 인류 역사상 처음으로 과학자들의 공동체가 창립되었다. 런던왕립학회The Royal Society of London for the Improvement of Natural Knowledge라는 간판을 내걸었던 이 공동체의 구호는 '누구의 말도 당연한 것으로 받아들이지 말라Nullius in Verba'였다. 1703년부터 아이작 뉴턴Isaac Newton이 회장으로 추대되어 왕립학회를 주도했다. 곧 영국 자연과학의 대표적인 학문기구가 된 런던왕립학회는 브로노우스키가 '과학자들의 공동체'라 부른 것의 효시이자 그 본보기였다. 뉴턴에서 아인슈타인을 거쳐 현재에 이르기까지 지난 수백 년간 다양한 국적의 과학자들이 런던왕립학회의 회원으로 활약하면서 인류의 과학 발전에 기여해왔다.

런던왕립학회는 어떤 공동체일까? 왕립학회의 면모를 살펴보기 전에 먼저 과학 발전과 관련된 질문 한 가지를 생각해봐야 한다. 과학 발전을 가능하게 하는 사회적 조건들은 무엇인가? 과학은 아무 때 아무 곳에서나 가능한 것이 아니다. 과학을 하기 위해서는 무엇보다 관찰과 사고에 있어 과학자의 '독립성'이 보장되어야 한다. 탐구와 비판의 '자유'가 허용되고 다른 사람의 생가과

견해를 존중하는 '관용'의 문화가 있는 곳에서만 과학은 발전한다. 독립성과 관용의 조화에서 사고와 표현의 자유, 공정성, 인간의 존엄성 같은 일련의 가치가 발현된다. 과학적 진실을 말했다가 목이 달아나는 사회에서는 과학이 불가능하다. 독립성과 독창성이 과학이 존재하기 위한 개인적인 요구라면, 인간 정신의 자유를 표시하는 '이의 제기'는 과학의 공적인 요구다. 자유로운 사고, 자유로운 물음, 자유로운 발언은 과학 발전을 위해서 사회가 제공해야 하는 안전장치다.

《사피엔스》의 후속작 《호모 데우스》에서 역사학자 유발 하라리Yuval N. Harari는 근대성을 일종의 '계약'으로 파악한다.[33] 근대가 계약에 기반하고 있다는 것은 인간이 '힘'을 얻는 대가로 '의미'를 포기하는 데 동의했다는 뜻이다. 근대과학은 인간이 살아가는 데 의미를 부여했던 전통적 세계관을 무너뜨리고 과학지식을 자연 대상에 적용하여 인간으로 하여금 엄청난 힘을 갖게 했다. 이러한 의미 포기는 무질서와 혼란을 초래하기 때문에 '어떻게 사회를 유지할 수 있을까'라는 물음이 던져진다. 그런데 하라리의 견해에 따르면, 무의미한 세계로부터 인간을 구원한 것은 새롭게 떠오른 혁명적 종교, 즉 '휴머니즘'이다. 신에 대한 믿음을 포기하고 인류에 대한 믿음에서 출발했던 휴머니즘은 과학과 무관한 '비과학적인 종교'라는 것이다.[34]

그러나 브로노우스키는 근대 과학자들의 공동체에서 '휴머니즘의 진원지'를 발견한다. 과학자들은 어느 근대국가보다도 더 긴 생명을 가진 공동체를 구성하며, 이 공동체는 어느 교회보다도 더 변화하고 진화한다. 도대체 어떤 힘이 과학자들을 결속시키는가? 독립성, 이의 제기, 관용, 공정성, 상호 존중, 인간 존엄성 같은 일련의 가치에 대한 추구가 과학 공동체의 유대와 결속을 가능하게 한다.

코페르니쿠스의 《천체의 회전에 관하여》가 전하는 진정한 메시지는 우주 자체가 목적이 없으며 그런 우주에서 인간 존재는 어떤 의미도 가질 수 없다는 사실이다. 적어도 과학의 관점에서 보면 무목적성과 무의미성은 그 자체로 과학적 진리다. 그 진리는 인간에게 '의미 없는 세계에서 어떻게 의미를 만들어내야 하는가'라는 역설적인 과제를 안긴다. 인간이 스스로 의미를 모색하고 발견해가는 과정에서 과학이 어떤 역할을 할 수 있는지를 보여주는 것이 제이콥 브로노우스키의 저작들이다.

과학이 단지 자연적 대상에 대한 관찰, 실험, 검증을 통해 지식을 발견, 축적하고 그 지식을 활용해 대상을 지배하는 인간의 능력으로만 이해된다면 이것은 '과학정신'을 전혀 고려하지 않은 경우라고 브로노우스키는 지적한다. 정신을 빼어버린 기술과학의 몸체는 "우리에게 부담을 주고 또한 우리를 위협하게 된다. 즉 우리는 과학의 시체만을 구입"하려 한다.[35] 그에 따르면 현대는 기술이 과학을 압도하는 시대, 요컨대 '기술과학의 시대'이며, 이것이 우리가 직면하고 있는 딜레마다. 기술과학의 시대에 과학정신은 부재하기 마련이다. 기술과 자본의 공생관계에서 기술혁신은 자본의 생존을 위해 불가피한 환경이 되고 있다. 자본은 그 자체의 확대재생산을 위해 끊임없는 기술혁신을 강요받는다. 이는 결과적으로 목적 없는 경쟁을 초래하며 기술은 '무한경쟁' 그 자체가 되는 셈이다.

과학에서 무엇보다 중요한 것은 **과학정신**이다. 과학정신은 '자유로운 탐구정신'을 가리킨다. 인간 정신의 자유를 확장하는 것이 과학정신이며, 이 정신이 근대문명의 형성을 가능하게 했던 혁명적 아이디어들을 자극했다. 과학정신은 '과학적 방법'에 의해 구현된다. 과학적 방법은 관찰, 실험, 검증을 통해 사물의 본질과 현상의 구조를 파악하려는 시도다. 프랜시스 베이컨Francis Bacon이 제안했듯이, 자연에 대한 확실한 지식에 도달하기 위해서는 관찰, 실험, 검증이 필수적이다. 근대과학이 세운 이런 방법들은 통념, 상식, 관습의 굴레에서 과학적 사실을 해방시키는 결과를 가져왔다.

'과학'과 '과학 아닌 것'을 구분할 수 있다면 그 구분의 기준들은 무엇인가? 과학과 과학 아닌 것 사이에는 근본적인 차이가 존재한다. 과학은 사실에 근거해서 끊임없이 검증을 받는다. 이러한 검증을 위해서는 반복적인 실험과 객관적인 측정 활동이 전제되어야 한다. 새로운 사실들을 두려워하는 '과학 아닌 것'과는 다르게 과학은 기존의 것에 반하는 새로운 발견들을 선호한다. 과학이론은 반증사례들에 직면하면 폐기되도록 설계되어 있다. 이론이 정립되고 붕괴되는 연속적 과정, 이것이 바로 과학의 전통이다.

과학은 '인간적인 과정'이며 과학의 가치는 '인간 가치'와 분리되지 않는다. 과학은 발견의 결과보다도 추구하는 과정, 만들어진 개념보다도 사고하는 과정을 더 존중한다. 과학자들의 공동체에서 과학자는 그가 정립한 이론보다는 진리를 탐구하는 과정을 통해 더 깊은 존엄을 획득하게 되고, 이 과정 속에 과학정신이 자리 잡는다. 인간이 자유, 평등, 정의, 존엄을 요구하게 된 것은 "과학정신이 인간 사회에 널리 퍼졌기 때문"이라고 브로노우스키는 역설한다.[36] 이처럼 인간 존엄성에 대한 감각을 키우고 인간적인 세상을 추구하는 과정에서 그 중심에 선 것이 '과학정신'이고, 그 정신이 발현되는 장소가 '과학자들의 공동체'인 것이다.

유발 하라리는 휴머니즘을 과학과는 전혀 무관한 '종교'로 규정하지만, 과학자들의 공동체는 개인주의, 민주주의, 휴머니즘이 삼위일체로 연결된 공동체로서 존속한다. 과학자 개인의 독립성을 보장하는 **개인주의**, 비판의 자유를 허용하고 이의 제기와 관용 사이의 긴장을 유지하는 **민주주의**, 진리를 탐구하는 과정에서 표출되는 인간다움을 존중하는 **휴머니즘**, 이 세 가지가 결합된 공동체가 바로 과학자들의 공동체다. 과학적 탐구 활동은 순수하게 인간적인 행위이며, 그 활동 자체가 개인주의·민주주의·휴머니즘이 출현하는 경로인 셈이다. 과학자들의 공동체를 **개인주의·민주**

주의·휴머니즘의 연결체로 본다면, 이에 대응하는 것이 근대적 정체성의 세 겹(개인·시민·인간)이다.

과학자의 **독립성**은 근대적 개인에 대한 이해를 돕는 중요한 단서로 작용한다. 왜냐하면 독립성은 '개인의 존재 조건'이기 때문이다. 독립성은 물리적 차원에서뿐만 아니라 정신적 차원에서의 **이동 가능성**을 내포한다. **자유로운 이동이 없다면 개인은 존재하지 않는다.** '이디오테스'라는 용어가 말해주듯이, 이동의 통로가 막혀 있던 전통적인 공동체 안에서 개인은 없었다.[37] 근대 과학혁명의 전개 과정에서 자유로운 이동이 가능한 개인이 공식적으로 등장한다. 이런 개인에게 이동의 자유를 허용하고 보장해주는 것이 과학정신이자 과학자들의 공동체다. 코페르니쿠스에서 갈릴레이를 거쳐 뉴턴에 이르기까지 과학적 진리를 발견하기 위해 고군분투하는 과학자의 모습에서 보편성을 추구하는 단독자의 존재를 확인할 수 있다. 그것은 곧 '이동의 가능성'을 펼쳐 보이는 자유로운 개인의 모습과 다르지 않다.

개인주의,
민주주의·휴머니즘과 짝을 이루다

/

런던왕립학회를 본보기로 하는 과학자들의 공동체는 '개인주의, 민주주의, 휴머니즘이 결합된 형태'로서 존재한다. 개인주의, 민주주의, 휴머니즘 이 세 가지는 상호적으로 보완하는 보로메오의 매듭처럼 연결고리를 이루고 있다. 어원적으로 '다수의 지배 demos+kratos'를 뜻하는 민주주의democracy는 그 자체로는 불안정한 이념이자 제도가 아니던가. 민주주의의 본질은 '동질성'이며, 필요한 경우에는 '이질적인 것의 배제 내지 절멸'을 부른다는 칼 슈미트Carl Schmitt의 말을 경청할 필요가 있다. 슈미트에 따르면 파시즘이 반드시 민주주의에 반하는 것은 아니다.[38]

가라타니 고진도 근대 민주주의에 내재하는 문제점의 원형이

고대 그리스 아테네의 데모크라시에서 발견되어야 한다고 주장한다. 아테네의 민주주의는 구성원의 동질성에 그 근거를 두고 있으며, 이는 이질적인 것(노예·외국인)을 철저하게 배제했다는 것이다.[39] 민주주의의 이런 한계를 견제하고 보완하는 것이 '삼위일체의 연결고리'라고 할 수 있다. 런던왕립학회의 경우를 보더라도, 개인주의, 민주주의, 휴머니즘이 삼위일체로 엮어진 사회구성체만이 견고하고 안정된 존속을 누릴 수 있기 때문이다.

첫 번째 삼위일체, 개인주의·민주주의·휴머니즘의 혼합체에 대응하는 두 번째 삼위일체도 존재한다. 그것은 바로 '근대적 정체성의 세 겹'이다. 우리는 각자 '개인'이면서 '시민'이고 또한 '인간'이다. 개인, 시민, 인간도 역시 보로메오의 매듭처럼 연결되어 있다. 먼저 개인과 인간, 개인주의와 휴머니즘은 동전의 양면과도 같은 관계에 있다. 신분적 위계질서가 함께 살기의 기본 원칙일 때 아무도 태생적 소속 관계에서 자유롭지 못했다. 전근대적 계층질서의 베일이 벗겨지면서 자신의 모습을 드러낸 근대적 인간은 '개별적인 것과 보편적인 것의 기이한 결합체'로서 존재한다. 근대에 이르러 인간은 오직 개인으로서 등장한다.

인간이란 개념은 두 가지 의미를 가진다. 먼저 인간은 생물학적 종 분류에 따른 집합적 의미를 지닌다. 동시에 인간은 가치 개념이기도 하다. 인간이 보편적 가치를 담고 있는 개념으로서 자신의 위상을 획득한 것은 근대에 와서의 일이다. 인간이라면 누구나 반드시 '개인'으로서 인식되고 개인은 언제나 '인간'으로서 이해된다는 것은 주목할 만한 근대적 사건이다.

개인의 독립성, 자율성, 평등은 개별화의 조건들이다. 이런 개별화 없이는 인간적인 것의 의미 자체가 성립되지 않는다. 전통 사회의 위계질서가 배태하는 종속성, 타율성, 불평등은 비인간적인 것을 전제한다. 개별화된 인간은 인간성에 소속되는 것을 제외하면 그 어디에도 포섭되지 않는다. 프랑스 철학자 로베르 르그로Robert Legros는 근대에 형성된 개인주의와 휴머니즘은 동근원적이라고 주장한다. 모든 소속 관계에서 해방된 '개인'은 반드시 '인간'으로 나타난다.[40] 신분, 길드, 교회의 속박에서 벗어난 개인들은 인간이라는 공통분모를 획득한다. 단독자로서의 개인은 '인간성'이라는 보편성을 공유하기에 이른다.

플라톤과 아리스토텔레스는 '시민'으로서 자신들의 자유로움은 알았지만 인간이 그 자체로 자유로운 존재라는 것은 이해하지 못했을 것이다. 마찬가지로 고대 도시국가의 구성원들이 스스로를 자율적이고 독립적인 존재로 간주한 것은 시민으로서이지 인간으로서가 아니다. '인간이 인간으로서 자유롭다'는 사고는 근대에 들어서야 비로소 사회 전체에 확산되었다. 위계의 원칙에 그 기반을 두었던 전통 사회는 '자유'롭다는 사고와 떼어낼 수 없는 '평등'이라는 가치도 알지 못했거나 거부했던 것이다.[41]

그렇다면 개인이 존중되어야 하는 이유는 어디에 있을까? "등

가물을 절대로 허용하지 않는 것은 존엄을 갖는다"는 칸트의 말처럼,[42] 개인의 비교 불가능하고 대체할 수 없는 '유일성'이 존중의 근거가 될 것이다. 그와 동시에 개인은 무엇보다 존엄한 인간이기 때문에 존중되어야 한다. 게오르그 짐멜도 근대에 형성된 개인주의를 '인간성'과 '유일성'을 준거로 해서 두 가지 형태, 즉 '양적 개인주의'와 '질적 개인주의'로 구분하고 있다.[43]

휴머니즘은 인간의 존엄성에 대한 관심, 배려, 존중, 책임을 의미한다. 이런 점에서 '개인주의'는 인간적 품위를 내세우는 '휴머니즘'과 함께 탄생했다. '개인'에 대한 존중은 '인간'에 대한 존중과 맞물려 있는 셈이다. 개인주의가 '인권' 개념과 분리되지 않는 이유도 여기에 있다. 개인주의가 휴머니즘이라는 단짝을 잃어버릴 때 언제든지 이기주의로 전락할 수 있다. 인간적 품격을 지닌 모든 개인을 존중하는 개인주의와 다르게 이기주의는 오직 자기 이익만 챙기려는 삶의 태도와 방식을 가리킨다.

개인주의는 존엄한 인간(휴머니즘)이라면 누구나 동등한 권리를 보장받는 '민주주의'와도 분리되지 않는다. 근대의 민주적 정치 공동체는 자유롭고 평등한 개인들 간의 '계약'을 근거로 구성된다. 민주주의는 개인들의 자유로운 동의와 참여의 권리에 기초한 정치제도가 아니던가. 계약에 동의하고 정치적 결정에 참여할 수 있는 권리를 얻음으로써 개인들은 '시민'이라는 정체성을 확보한다. 이와 같이 개인, 시민, 인간은 불가분의 관계로 연결되고 통합되어 있다. 하지만 민주주의에 내재하는 불안정성의 요소는 시민의 경우에도 마찬가지로 발견된다.

유대인 학살에 적극 가담했던 아돌프 아이히만^{Otto Adolf Eichmann}의 범행 동기를 어떻게 이해해야 될까? '유대인 청소'라는 최종 해결책을 자신의 직업이자 일상 업무로 여겼던 아이히만은 '독일 민족'이라는 정체성의 캡슐 안에 갇혀 있었다. 이는 아이히만의 경우가 개인의 생존 문제와 민족 정체성이 기이하게 결합된 사건이라는 점을 보여준다.[44] 아이히만의 문제점은 그가 자신의 정체성을 오로지 '시민'에 한정시켜 이해했다는 것이다. 시민, 국민, 민족 같은 개념들은 태생적 한계에서 결코 자유롭지 않다. 그 한계를 넘어설 수 있는 길은 근대적 정체성의 세 겹에서 '개인'과 '인간'이라는 다른 두 축에 기대는 것뿐이다. 이런 이유로 개인주의 · 민주주의 · 휴머니즘과 마찬가지로, 개인 · 시민 · 인간도 반드시 '삼위일체의 혼합체'로 존재해야 한다.

이성의 '공적' 사용과
개인의 '이동' 가능성

/

계몽이란 무엇인가? 서구인들에게 근대는 그 이전 시대와의 '차이difference'에 의해 규정되는 새로운 변화의 시대였다. 정치적으로는 자유민주주의가 확립되면서 시민사회가 형성되었고, 경제적으로는 자본주의 시장경제가 안착되었으며, 문화적으로는 과학적 지식과 기술에 의해 삶의 방식이 급격히 변화하는 시대였던 것이다.

서구인들은 새로운 시대에 당면해서 급변하는 정치적, 경제적, 문화적 현실을 관리하고 주도할 수 있는 원칙과 규범이 필요했다. 이러한 시대적 요청에 부응해서 칸트는 근대를 '미성숙에서 성숙으로 나아가는 시대'로 조명했으며, 인간 성숙의 원칙과 규범을 제시하고자 했다. '인간은 목적 그 자체이지 단지 수단이어서는 안 된다'는 칸트의 도덕원칙도 그 시대적 당위 속에 자리한다.

서구인들에게 근대화modernization는 경제적·기술적 성장과 동시에 정신적 성숙의 과정을 의미했다. 성장과 성숙이 절묘하게 조화와 균형을 이루는 점진적 진보의 과정에서 설계되는 것이 서구의 근대화인 셈이다. 바로 그 성숙의 과정을 이끌었던 것이 18세기에 전개된 '계몽운동'이다. '근대화' 하면 흔히 물질과 제도의 측면에서 이해되지만 그 전개 과정의 근저에는 '계몽'이라 일컫는 독특한 정신혁명이 자리 잡고 있다. 그런 의미에서 근대는 '미완의 기획'이며 계몽은 여전히 '현재진행형'이다. 그렇다면 인간에게 성숙을 가져다주는 지적 장비는 무엇일까? 그것은 성찰할 수 있는 인간적 가능성이다. 칸트의 표현을 빌리자면 '이성에 대한 신뢰'라고 할 수 있겠다.

우리에게 '근대화'는 무엇이었는가? 한국 사회의 근대화는 처음부터 오로지 성장의 과정으로만 인식되거나 이해되지 않았던가. 내면적 성숙이 아닌 외형적 성장에만 일방적으로 치우친 과정이 우리의 근대화였다. 1948년 대한민국 정부 수립 이후 본격적으로 착수된 근대화는 1960~1970년대 군사정권의 개발독재 시절에 집중적으로 추동된다. 새마을운동과 '잘 살아보세' 같은 집체적 구호 아래에서 범국민적 결속이 이루어졌고, 이를 통해 집약적으로 추진된 개발과 성장 일변도의 과정에서 정신적 성숙의 기회는 애초에 삭제될 수밖에 없었다. 그 결과 오늘날까지도 여전히 근대화는 우리에게 개발과 성장의 과정으로만 알려져 있는 것이다.

우리 주변에 산재해 있는 사회적 병폐들과 난제들은 '한국식 근대화'라는 절름발이 과정의 결과물이다. 한 사회의 근대성modernity을 평가하려면 기술적 발전과 물질적 풍요 이전에, 그 사회의 도덕성morality, 자율성autonomy, 합리성rationality이 먼저 고려되어야 한다. 개인의 영역에서, 동시에 제도의 차원에서 도덕적이고 자율적이며 합리적인 사회가 '모던 소사이어티'인 것이다. 기술적 진보와 물질적 성장은 상당 수준 이루어냈으나 여전히 한국 사회에는 비도덕적이고 타율적이며 비합리적인 태도가 만연하다. 이 같은 현실에서 '계몽'이라는 개념은 오늘날에도 의미심장한 울림을 낳는다.

근대에 이르면 인간은 오로지 개인으로서 등장한다는 점에 대해 앞서 말했다. 전근대적 신분질서의 베일이 벗겨지면서 인간이면 누구나 반드시 개인으로서 인식되고, 개인은 언제나 인간으로서 이해된다. 이와 같이 근대 개인주의는 휴머니즘과 동근원적으로 전개되었다. 개인과 인간, 개인주의와 휴머니즘은 동전의 양면과도 같은 관계에 있다. 개인에 대한 존중은 인간에 대한 존중과 결합되어 있고 인권의 가치와도 불가분하게 연결되어 있다.

근대적 인간은 '개별성'과 '보편성'이라는 양면성을 가진다. 이는 개인에 대한 인식과 인간에 대한 인식이 맞물려 있음을 의미한다. 근대적 개인은 '유일성'과 '인간성'을 지닌 존재로 출현하는 것이다. 그에게는 인간성에 소속되는 것 이외에 어떤 소속관계도 본질적인 것이 아니다. 인간의 본질인 인간성은 '개별화'에, 즉 모든 소속관계에서 자유로운 존재 속에 있다는 사실을 말해주는 것이 휴머니즘이다.

1784년 칸트는 〈계몽이란 무엇인가에 대한 답변〉이라는 글을 발표했다. 이 글에서 칸트가 말하고자 했던 것도 동일한 맥락에서 이해될 수 있다.《월간 베를린》이라는 잡지에 실린 이 글에서 칸트가 제안한 것은 다름 아닌 '개인 안에서 존엄한 인간을 발견하라'는 요청이다. 너와 나 안에 '존엄한 인간' 있다는 사실을 자각하고 그에 따라 판단하고 선택하는 것이 칸트의 계몽이 추구하는 목표이자 또한 '정언명령'의 의미이기도 하다. 칸트는 이전 문명을 견고하게 지탱했던 질서를 폐기처분하고 자유로운 개인들의 결속과 연대를 가져올 수 있는 규범적 모델을 새롭게 제시하고자 했다. 그것이 바로 근대적 정체성의 세 겹, 개인·시민·인간이다.

칸트는 먼저 이성의 사용을 두 가지로 구분한다. 첫 번째는 '이성의 사적 사용'이다. 이성의 사적 사용은 누군가 자신이 원하는 대로 이성을 사용하는 것이 아니다. 이성의 사적 사용은 사회 구성원에게 맡겨진 어떤 역할 수행과 관련된다. 이성을 사적으로 사용하는 경우에는 마치 기계장치의 부속품처럼 아무도 소속 집단으로부터 자유롭지 못하다. 군대에서 군인은 명령체계에 복종해야 한다. 군인이 명령을 거역하면 군대라는 집단 자체가 존속하기 어려워지기 때문이다. 이와 같이 이성의 사적 사용은 공동체를 유지하고 개인을 책임감 있는 성원이 되게 한다.

두 번째는 '이성의 공적 사용'이다. 이것은 개인이 존엄한 인간으로서 인간적 가치 실현을 위해 이성을 사용하는 것을 말한다. 이를테면 군 조직 내부에서 인권 유린 사태가 발생한다고 가정해 보자. 그렇다면 누군가 군인으로서의 계급장을 떼고서라도 '인간'으로서 그 부조리에 자유롭게 맞서야 하지 않겠는가. 칸트는 자유로운 인간이라면 누구나 이성을 공적으로 사용해야 한다고 주장한다. "이성의 공적인 사용은 언제나 자유롭지 않으면 안 된다. 이성의 공적인 사용만이 인류에게 계몽을 가져올 수 있다."[45] 이성의 사적 사용이 개인에게 '시민적 지위'를 안겨준다면, 이성을 공적으로 사용함으로써 개인은 '존엄한 인간'이라는 정체성을 견지한다.

이성의 공적 사용은 자유로워야 하는 반면 이성을 사적으로 사용하는 경우에는 자유에 대한 '제한'이 존재한다. 그런데 칸트에게 자유의 제한은 계몽을 가로막는 장애가 아니다. 이 제한은 계몽을 방해하지 않고 오히려 촉진시키는 것이다. "따져 보라. 그러나 복종하라!"는 계몽군주 프리드리히 대제의 말을 인용하며 칸트는 이성의 공적 사용이 자유롭기 위해서는 반드시 제한이 필요하다는 점을 강조한다.[46]

어떤 제한도 없이 자유가 넘쳐나는 것보다 자유에 제한을 두는 것이 사회의 제도적 모순과 대면하기 더 쉽게 되고, 이는 결과적으로 이성의 공적 사용을 유발시킬 수 있다. 세금을 성실하게 잘 납부하는 사람이 조세제도의 부조리를 더 잘 알 수 있듯이 말이다. 공동체의 이해가 걸려 있는 경우에는 그 구성원들이 공동체의 법과 제도에 복종하지 않을 수 없다. 그렇기에 공동체가 요구하는 역할과 책무를 성실히 이행하는 한편, 부조리가 발생한다면 그에 대해 비판할 수 있는 자유도 함께 누려야 한다는 것이다. 이것이 계몽에 이르는 길이라고 칸트는 주장한다. 칸트가 제시했던 이성의 사적 사용이 20세기 초 독일 사회에서 어떻게 '변용'되는지는 다음 꼭지에서 살펴보겠다.

우리는 먼저 각자 '개인'으로서 존재한다. 이성의 '사적' 사용을 통해 개인은 시민의 자격 조건을 만족시킨다. 반면 개인이 이성을 '공적'으로 사용하는 경우에 그녀 또는 그는 '인간' 혹은 '세계시민'의 지위를 차지한다. 이성의 사적 사용과 공적 사용에서 이성은 개인이 자신을 '시민' 내지 '인간'과 동일시할 수 있는 정신능력이다. 이와 같은 능력이 '민주주의'와 '세계시민사회'의 견고한 토대를 마련한다. 이성의 공적 사용을 과학자의 독립성과 비교해보자면, 과학 발전의 전제조건이 과학자의 독립성인 것처럼 이성의 공적 사용은 인류공동체 혹은 세계시민사회의 필요조건이다.

칸트는 이성을 공적으로 사용하는 것을 '자기애의 원칙' 내지 '자기 실리의 원칙'을 넘어설 수 있는 인간다운 능력으로 파악했다. 이성이 인간 존엄성의 근거가 되는 이유가 바로 여기에 있다. 인간에게 내재한 초월의 능력으로 이해되는 이성은 '자유'라는 개념과 만난다. 칸트는 무엇보다 자유가 계몽의 필요조건이라는 점을 강조한다. "계몽을 위해서는 자유 이외의 다른 어떤 것도 필요하지 않다"는 그는 여러 자유들 중에서도 가장 해가 없는 자유란 "모든 국면에서 그의 이성을 공적으로 사용할 수 있는 자유"라 밝힌다.[47] 자유가 계몽의 필요조건이 되기 위해서는 그 자유가 '이성'과 결합해야 한다. 칸트가 강조한 '정언명령' 역시 개인적, 집단적 이해관계에서 '자유로워지라'는 명령이다. 그렇게 자유로워졌을 경우에 비로소 타인이 '목적'으로 여겨질 수 있기 때문이다.[48] 정언명령을 거부하지 않는 자유로운 개인이야말로 이성을 공적으로 사용하는 존엄한 인간이다.

다시 정리해보면, 개인은 근본적으로 자유로운 존재다. 자유는 계몽의 필요조건이다. 그런데 시민의 신분을 보유한 어느 누구도 소속 공동체의 질서와 규범에서 벗어나기 쉽지 않다. 시민으로서 자신에게 주어진 책무를 방기하면 공동체 자체의 존속이 어려워진다. 하지만 그 공동체 안에서 비인간적인 범죄가 버젓이 자행된다면 어떻게 해야 할까? 앞에서도 이야기했듯 군 조직 내부에서 심각한 인권 침해가 발생하고 그것이 도저히 묵과될 수 없다면 먼저 계급장을 떼야 하지 않겠는가. 여기서 '계급장을 뗀다'는 것은 '군인(시민)'에서 '개인'으로의 정체성 이동을 나타낸다. 그다음에 '개인'에서 '인간'으로 정체성이 계속 움직여야 한다. ①시민에서 **개인**으로, ②**개인**에서 **인간**으로의 **이동**이 가능해야 하는 것이다.

가라타니 고진은 개인에서 인간으로의 이동을 단독성에서 보편성으로의 '도약'이라고 표현했다. 어떤 도약 없이 보편성은 열리지 않는다. '네 행위의 준칙이 보편적인 법칙이 되어야 할 것처럼 행위하라'는 칸트의 정언명령도 '단독성에서 보편성으로의 이행'을 공식화하고 있다. 이와 같이 개인, 시민, 인간이라는 정체성의 세 겹 사이에서 자유롭고 역동적인 이동의 가능성이 전제되지 않고서는 근대적 인간의 자격 조건이 충족될 수 없다. 세 겹의 정체성 사이에서 자유로운 움직임이 없다면 아무도 개인, 시민, 인간의 삼위일체로서 살아갈 수 없을 것이다.

근대적 정체성의 세 겹을 자각하지 못할 경우에는 탐욕스러운 이기주의와 배타적인 집단주의가 득세하기 마련이다. 칸트에게 이성은 무엇보다 개인, 시민, 인간이라는 정체성의 세 겹 사이에서 자유로이 움직일 수 있는 정신능력을 의미한다. 그런 의미에서 이성과 자유는 동전 양면의 관계에 있다. 이와 같은 **이동의 가능성**은 자유롭고 독립적인 개인의 존재 조건이자 칸트의 계몽사상이 그 목표로 설정한 성숙한 인간다움의 조건인 것이다.

이성의 '사적' 사용에서
'도구적' 사용으로

/

독일 계몽사상가 임마누엘 칸트가 보여준 '이성에 대한 신뢰'를 송두리째 뒤엎는 강력한 도전에 대해 언급하지 않을 수 없다. 그 도전은 다름 아닌 나치즘의 광기와 홀로코스트였다. 이성의 한가운데서 어떻게 '광기'가 튀어나올 수 있었던가? 이 수수께끼를 마주하면서 느끼는 모호한 감정의 상태를 독일어 단어 하나가 적절하게 표현해준다.

'운하임리히unheimlich'는 평소에는 익숙하고 낯익은 어떤 것이 어느 한순간 섬뜩하게 느껴지는 것을 뜻하는 말이다. 프로이트Sigmund Freud는 1919년의 논문 〈Das Unheimliche〉에서 이 감정을 '공포감의 특이한 변종'으로 소개하고 있다. 이것은 친숙하고 낯익은 것이 어떤 계기에 의해 이상하게 낯설고, 불안감과 공포감을 주는 것으로 돌변할 때 생겨나는 감정이다.[49]

칸트는 인간의 존엄성을 확신하면서 이성의 공적 사용으로 말미암아 점진적으로 구현될 수 있는 인류공동체의 가능성을 전망했다. 이 같은 칸트의 의도와는 정반대로, 아울러 근대과학과 계몽사상이 함께 보여줬던 보편적인 것에 대한 열렬한 관심을 비웃기나 하듯이, 독일 민족의 광기가 전면에 대두한다. '민족의 생존과 안위'라는 명분으로 이 광기를 자극하고 이끌어낸 인물이 바로 아돌프 히틀러Adolf Hitler였다. 나치즘의 바이블로 간주되는 자서전 《나의 투쟁Mein Kampf》(1925)에서 히틀러가 세계를 '자연상태'로 재해석했다는 점에 주목해야 한다. 그에게 정치란 민족의 '생존투쟁' 과정을 보여주는 살아 있는 역사 그 자체였다. "정치가 지닌 최고의 과제는 민족의 생존을 유지하고 계승하는 것이다."[50] 19세기 후반에서 20세기 초에 걸쳐 작열했던 서구 제국주의가 '사회진화론'에 그 이념적 기반을 두고 국가 간의 관계를 자연상태로 재편했다면, 그 제국주의적 세계관을 그대로 답습한 것이 히틀러였다는 사실은 흥미롭다.

히틀러는 세계를 자연상태로 재배치함으로써 독일 민족의 '생존에 대한 강박증'을 일깨우고 이를 전체주의를 추동하는 자원으로 가동시켰다. 그럼으로써 이성의 사적 사용은 독일인들의 생존을 담보하는 도구로 전환되고, 이성의 도구적 사용은 이성 한

가운데서 광기를 이끌어내는 미증유의 결과unheimlich를 가져온다. 전후에 아우슈비츠를 목격한 프랑크푸르트의 비판이론가들이 '계몽의 변증법'이라는 난해한 표현을 통해 지적하고자 했던 사태가 '야만'이라는 이성의 전도된 양상이다. 독일 민족의 생존을 확보하기 위한 도구로 전락해버린 이성이 곧 야만의 주범인 셈이다. 그 야만의 현장 아우슈비츠를 탐방했을 때 서구 지식인들이 느꼈던 어떤 감정의 상태를 나타내는 데 적합한 독일어 단어가 'unheimlich'였다. 프로이트는 이것을 '공포감의 특이한 변종'으로 해석했다. 알프레드 히치콕Alfred Hitchcock이 아우슈비츠 강제수용소에서 "진짜 공포를 보았다"고 고백했을 때도 이 같은 섬뜩함unheimlich의 감정이 그대로 표현된 것으로 볼 수 있다.

칸트가 제안했던 이성의 '사적 사용'은 그와 같이 '도구적 사용'으로 전환된다. 독일 민족의 생존과 안위를 확보하기 위한 도구로서의 이성이 완전한 지배력을 행사한다. 칸트가 염원했던 '계몽의 기획'은 히틀러의 선동 앞에서 한줌의 재로 흩어지고, '이성의 공적 사용'은 생존의 정언명령에 가로막혀 퇴락의 길로 들어서고 만다.[51]

프랑스 철학자 알랭 핑켈크로트Alain Finkielkraut는《사유의 패배》에서 근대 계몽사상을 '전체성 바깥의 사유'로 정의한다. 계몽사상은 감각적·역사적·사회적 상황들 속에 구속되어 있던 인간의 정신을 해방시키는 힘이었다. 하지만 근대문명이 전개되는 과정에서 계몽적 사유는 욕망, 신체, 언어, 혈통, 집단, 국가, 민족의 지배력 앞에 굴복하고 패배했다.[52] 전체성 바깥의 사유는 전체성 안에 다시 갇히는 신세가 되고 만 것이다. 핑켈크로트에 따르면 전체성 안에서 사람들은 생각하기보다 복종하기를 택한다. '사고하지 않음' 내지 '어리석음'이 삶의 기본 원칙으로 자리 잡는다. 한나 아렌트Hannah Arendt가 사유의 무능력에서 '악의 평범성'을 발견한 것도 이 같은 문맥에서 이해될 수 있다.

전체주의 성립의 계기는 ①생존에 대한 집착, ②사고하지 않음(어리석음·무사유)이다. 아렌트에게 전체주의는 정치적 문제라기보다 인간의 '자연적 본성'에 기인하는 문제였다. '무사유'가 뜻하는 바는 의식이 존재 안에 갇혀 있다는 것이다. 이는 인간 이성이 단지 존재 보존의 도구로만 사용되는 경우를 의미한다. 이 같은 이성의 변종을 '도구적 이성'이라고 한다. 생존에 대한 집착은 '동일성'이 자리 잡는 지점이기도 하다. 생존의 정언명령에 사로잡힌 동일성 추구는 인류 역사에서 언제나 '전체성'이 성립되는 자리를 마련했다. 전체성 안에서 이성은 오로지 '자기보존의 도구'로 전락한다. 전체주의 안에서 자기보존의 도구가 아닌 인간 사유의 모든 요소는 삭제된다.

이탈리아 철학자 조르조 아감벤Giorgio Agamben은 전체주의의 근저에서 '생존의 정치화' 전략을 발견한다.[53] 아렌트 역시 유대인 청소에 앞장섰던 아이히만의 범행 동기를 추적하고서 독일 사회 전체가 '자기기만'에 사로잡혀 있었으며, 독일 민족에게 "자기기만의 관행"은 "생존을 위한 도덕적 전제조건"이었음을 파악한다.[54] 전체주의 국가의 근본적 특징은 생존을 정치화하는 것이다. 생존 문제가 전체주의적 지배에 당위성을 부여하고 그 지배의 필연성을 고착시킨다.

이성과 공감에 바탕을 둔
휴머니즘

/

칸트의 방식을 따라 이해하자면, 휴머니즘은 '인간 존엄성에 대한 관심, 배려, 존중, 책임'을 뜻한다. 장 자크 루소Jean-Jacques Rousseau라면 휴머니즘을 '고통 받는 존재로서의 인간에 대한 연민, 배려, 존중, 책임'이라고 정의할 것이다. 루소에게 고통의 이해와 경험은 흩어진 개인들을 이어주는 연결의 끈이다. 인간애의 기원은 우리 모두가 공유하는 고통이며, 인간이 겪는 고통의 경험과 그에 대한 기억은 인간의 인간적인 면모를 강화시킨다.[55]

애덤 스미스Adam Smith는《도덕감정론》(1759)에서 '공감sympathy'을 타인의 기쁨, 슬픔, 고통, 분노, 두려움에 대해 '같은 인간으로서 갖는 유사한 감정'이라고 규정한다.[56] 공감은 인간이면 누구나 공유하는 감정이며 인간 본성의 자연스러운 발현이라는 것이다. 1789년 프랑스 인권선언에서도 인간 본성에 새겨진 공감의 감성이 발견된다. 린 헌트Lynn Hunt에 따르면 인권 개념이 자명한 것은 '인간의 감성'에 호소할 수밖에 없기 때문이다. 그는 "타인이 우리 자신과 다를 바 없이 느끼고 생각한다는 점"과 "우리의 내적인 감정들이 근본적으로 동질적임"을 인정하는 것이 '공감'이라고 말하고 있다.[57]

진화심리학자 스티븐 핑커Steven Pinker는 인류 문명사를 되돌아보면서 지난 수백 년간 폭력의 빈도와 강도가 현저히 감소했다고 주장한다.[58] 폭력이 줄어든 것은 인간 본성의 선한 부분이 나쁜 부분을 제어하고 인간의 행동방식을 바꿔왔기 때문이라는 것이다. 구체적으로 무엇이 이런 변화를 초래했을까? 핑커는 폭력 감소의 이유를 인간 감성의 변화, 이성의 확장, 그리고 이에 기반을 둔 정치·경제·사법 제도에서 발견하고 있다. 그는 특히 '계몽주의'가 폭력을 줄이는 데 크게 기여했다고 말한다. 중세 교회와 절대왕정은 질서에 도전하는 자들을 끔직한 형벌로 응징했지만 18세기에 들어서는 점차 고문을 폐지하게 됐다는 것이다. 인류가 지금껏 찾아낸 최선의 폭력 제어장치는 공감과 이성처럼 인간 본성의 선한 부분과 이에 기초한 사회제도와 법률이라고 핑커는 역설한다.

루소에서 애덤 스미스를 거쳐 칸트에 이르기까지 근대 계몽사상가들이 '인간다움의 조건'으로 내세운 것이 공감과 이성이라면 이에 토대를 둔 것이 근대문명인 셈이다. 루소와 스미스에 따르면 공감은 인간 존엄과 가치에 대한 윤리적 감수성을 키운다. 도덕적 반성도 공감이라는 도덕감정을 전제한다. 근대에 이르면 인간에게 견디기 힘들게 느껴지는 것은 가까운 사람들의 고통을 보는 것만이 아니라 낯선 사람이든, 죄인이든, 그 누구든 고통 받는 상황을 목도하는 것이다.[59] 근현대문명의 근저에 자리 잡고 있는 공감의 감성에 주목해야 하는 이유는 이것이 자유, 평등, 정의, 민주주의, 휴머니즘, 인권과 같은 문명의 핵심 가치와 제도들의 원천이며, 무엇보다 인간 본성에 실재해 있기 때문이다.[60] 이성과 마찬가지로 공감도 서로 다른 개인들을 이어주는 '연결의 끈'이 아니겠는가.

'자연상태(생존)'에서
'사회계약(공존)'으로

/

앞에서 서술했듯이, 견고했던 질서체계가 무너지고 나면 그 잔해를 뚫고서 튀어나오는 것이 인간의 이기심이다. 전통적 질서가 붕괴되자 인간 삶의 목적은 자기보존에 고착된다. 계층질서 안에 갇혀 있던 신민은 이기적인 개인들로 분산되고 인간관계는 자연상태로 진입한다. 자유로운 개인들을 결속시킬 수 있는 방안을 내세워 정치공동체를 새롭게 구성하는 일이 홉스, 로크, 루소 같은 근대 정치사상가들에게 중요한 과제로 던져진다. 이들은 전근대 세계가 봉착했던 사회적 난국을 돌파하고 개인들로부터 협력과 연대를 이끌어내는 정치적 해법을 찾아야 했던 것이다.

근대 정치사상을 구성하는 개념들의 목록에서 빠질 수 없는 것이 자연상태, 자연권, 자연법이다. 이들 개념에는 자연 세계를 있는 그대로 관찰하고 거기에 내재하는 법칙을 발견하고자 했던 근대과학의 자연관이 반영되어 있다. 자연에 대한 이해를 인간 사회에 적용하여 새로운 방식으로 사회구조를 조직하고 제도화하기 위한 노력들이 근대 정치사상에서 나타나는 것이다. 홉스, 스피노자, 로크, 루소가 자연상태, 자연권, 자연법 개념을 제시한 것은 무엇보다 인간을 자유롭고 평등한 존재로 이해해야 한다는 확신과 신념 때문이었다.

인간이 자유롭고 평등하다면 그 근거는 무엇인가? 존 로크^{John} Locke에 따르면 '자연상태'는 '자유와 평등의 상태'를 가리킨다. 자연상태에서 인간은 누구나 자유롭고 평등하게 존재한다. 로크는 자유와 평등을 '자연권'으로 파악한다. 자유와 평등은 인간이 태어날 때부터 자연에게서 얻은 권리이기 때문이다. 로크에게 자연권은 자연이 인간에게 준 자유롭고 평등할 수 있는 권리이며, '자연법'은 그 권리를 허용하고 보장해주는 법이다.[61] 하지만 자연상태에서는 인간이 자연권을 가지고 있어도 그 권리의 향유가 매우 불확실하며 그녀 또는 그는 지속적인 위험에 노출된다. 따라서 인간은 자신의 생명, 자유, 재산을 보존하기 위해 다른 사람들과 결합하여 공동체를 구성한다. 인간이 공동체를 결성하고 스스로 정치권력의 구속을 받아들이는 가장 중요한 목적은 자신의 '재산'을 보존하는 것이라고 로크는 주장한다.[62]

로크에게는 '재산권'이 '자유'보다 더 중요하다. 왜 그럴까? 이 질문에 대한 답을 얻기 위해 먼저 게오르그 짐멜의 '돈에 대한 성찰'을 참고해보자. 짐멜에 따르면 근대에 이르러 화폐경제가 정착되자 돈은 인격의 보존과 자유의 실현을 가능하게 만드는 힘을 갖게 된다. 개인의 인격에 결부된 의무를 돈으로 상환할 수 있는 가능성이 "개인적 자유의 수단이자 버팀목"으로 작용했다는 것이다.[63] 돈과 자유의 결합에 의해 기존의 인간관계에서 마땅히 짊어져야 할 의무가 돈으로 대체될 수 있는 길이 열린 것이다. 돈으로 몸값을 지불함으로써 이루어진 농노 해방은 "자유를 향한 커다란 진보"를 가져왔다고 짐멜은 주장한다.[64]

근대 사회에서 재산권이 중시되는 또 다른 이유는 재산권이 '노동의 결실'로 여겨졌기 때문이다. 전근대 사회에서는 누구나 (신분)질서가 정해준 자리를 지키면 먹고살 수가 있었다. 질서가 마련해준 그 자리가 자기보존의 터였던 셈이다. '생활비를 번다'는 생각은 16세기 이전에는 존재하지 않았다. 경제생활과 사회생활이 아직 분화되지 않은 상태였기 때문이다.[65] 질서가 무너지면서 노동이 유일한 생존 수단으로 인식되자 그 노동에 전례 없는 가치가 부여된다. 노동의 가치가 전면에 부각되면서 재산권이 무엇보다 중시되는 사회적 분위기가 조성되는 것이다. 이와 관련해서 직업을 소명calling으로 여기고 재산의 축적을 신의 축복으로 해석하는 개신교(예정론)의 영향력도 고려해야 할 것이다.

홉스와 루소에게 자연권은 '자기보존권'을 의미한다. 심지어 스피노자Benedict de Spinoza는 자연권을 개체가 자기보존을 위해 행사할 수 있는 힘, 즉 '생존력'과 동일한 것으로 규정한다.[66] 이런 이유로 스피노자에게는 자연상태에서 큰 물고기가 작은 물고기를 잡아먹는 것이 전혀 문제되지 않는다. 이처럼 자연권은 개체가 자유롭고 평등할 수 있는 권리이자 자기를 보존하는 권리이기도 한 것이다. 후자의 경우에 자연권은 홉스가 '만인의 만인에 대한 투쟁'이라고 여겼던 무질서를 가져올 수 있다. 그 무질서로 인해 개체는 자신의 자유는 말할 것도 없고 생명과 재산을 지키기도 힘들어진다. 그리하여 각 개체는 무질서의 공포에서 벗어나 안전과 평화를 위해, 그리고 자신의 자유, 생명, 재산을 보호받기 위해 사회계약에 동참한다.

홉스, 로크, 루소에게 사회계약의 주체는 언제나 자유로운 '개인'이다. 사회계약에 참여하는 주체는 왜 개인일까? '신민에서 개인으로의 전환'이라는 당대의 사회적 변화가 정치 영역에서도 포착된다. 무엇보다 '자연상태'와 '사회계약'이라는 개념구도를 통해 개인의 존재가 선명하게 부각된다. 그렇다면 개인에 그 기초를 두고 있는 사회계약론은 '개인과 공동체가 병존할 수 있는 방안'으로 해석될 수 있지 않을까? 개인이 스스로를 보존하기 위해 정치공동체의 구성에 참여한다면 공공의 이익에 봉사해야 하는 그 공동체에 반영된 것은 개인의 욕구인 셈이다. 반 될멘은 절대주의를 옹호하거나 비판했던 사람들 모두 '공동생활에 대한 근원적 질문, 국가에서 개인 역할에 대한 질문, 국가의 정당화에 대한 질문'에 모두 계약론으로 답했다며 "계약론에 따르면 '국가는 개인의 창조물이자 도구'였다"고 지적한다.[67]

사회계약은 자연상태에서 사회상태로 이행하는 조건을 가리키며, 개인은 계약을 체결함으로써 시민적 정체성을 획득한다. 루소는 "사회계약으로 사람이 잃는 것은 그의 자연적 자유와, 그가 손에 넣을 수 있는 모든 것에 대한 무제한적인 권리"인 반면, "사람이 얻는 것은 시민으로서의 자유와 그가 가진 모든 것에 대한 소유권"이라고 주장한다.[68] 여기서 '시민'이란 개념은 어떤 사실적 함의를 갖는가? 사회계약이 '개인'에서 출발한다는 점에 주목하자.

자유롭지만 안전을 보장받지 못하는 자연상태의 위험에서 벗어나길 바라는 개인은 사회계약의 자발적 주체로서 등장한다. 이와 같은 개별 주체의 계약 행위를 두고 로크는 안정된 시민 사회를 결성하고자 하는 개인의 자발적 '동의'라고 표현했다. 그렇다면 사회계약은 개인과 개인이 '공존'할 수 있는 새로운 방안으로서 제시되는 것이다. 시민이란 개념은 사회구성체 안에서 자유로운 개인들이 공유하는 '공통분모'의 성격을 지니며, 그들 상호 간의 공존을 확보해주는 정치적 기제로 작용한다. 1인 1표로 대표되는 민주적 의사결정 절차가 말해주듯이, 근대 민주주의 제도는 자유로운 개인에서 시작되는 것이다.

사회계약이 지금의 우리에게 어떤 의미를 갖는지에 대해 생각해보자. 사회계약의 아이디어는 '국가는 왜 필요하며 어떻게 구성되어야 하는가'라는 질문에 대한 응답으로 보인다. 우리는 현재의 국가 안에서 태어났을 뿐이며 실제로 계약에 참여한 경우는 없지만, 계약론은 국가라는 것이 무엇인가에 대한, 그리고 그것이 만들어지는 '원초적 상황'에 대한 설명으로 이해될 수 있다. 그런데 현 단계의 자본주의를 지칭하는 신자유주의 시스템은 이 세상을 자연상태로 재배치함으로써 무한경쟁과 승자독식을 사회적 당위로까지 내세우고 있지 않은가?

　홉스가 말했듯이, 자연상태에서의 개인은 자기보존에 총력을 기울이는 이기적인 존재(늑대)로 변신한다. 스피노자에 따르면 자연권은 자기보존권이며, 이는 개체가 자기보존을 위해 행사할 수 있는 힘, 생존력이다. 자연상태에서는 작은 물고기가 큰 물고기에게 잡아먹히는 일이 전혀 문제가 되지 않는다고 했다. 그 이유는 자연법과 이에 근거한 자연권이 약육강식과 적자생존 같은 밀림의 법칙을 정당화하기 때문이다. 스피노자가 바라본 자연상태에서의 개체가 보유한 생존력·힘은 그 개체가 향유할 수 있는 자연적 권리였다. 자본주의 사회에서 개인이 거머쥔 화폐가 그녀 또는 그가 누릴 수 있는 사회적 권리를 나타낸다면, 오늘날 돈은 스피노자가 말한 '자연권'의 기능을 제대로 수행하고 있는 셈이다.

　사회계약도 일종의 '교환'인가? 근대국가도 교환에 의해 성립되는 것인가? 가라타니 고진이 주장하듯이, 홉스는 국가를 '교환 행위'에 기초한 것으로 파악한 최초의 인물이다. 국가는 국민들이 지배자에게 복종함으로써 안전을 획득하는 교환에 근거하고 있다. 이를 두고 가라타니는 '복종과 안전의 교환', 즉 '교환양식B'라고 말한다. 요컨대 사회계약도 교환양식B에 근거하고 있다는 것이다. "복종과 보호의 교환으로서의 '사회계약'"이 이른바 "일반적인 사회계약(개개인이 자연권 양도를 통해 국가를 형성)에 선행"한다고 가라타니는 지적한다.[69] 그런데 사회계약이 복종과 안전의 교환이라는 의미를 갖는다면 절대왕정과 근대국가 사이에 존재하는 '연속성'을 부정할 수 없게 된다. 절대왕정의 신민subject에서 근대국가의 국민subject이 나올 수밖에 없었으며, 이런 점에서 절대왕정은 '근대국가의 원형'이 되는 것이다.[70]

루소도 사회계약을 '교환'으로 보고 있다는 점에서 홉스와 다르지 않다. 사회계약은 개체의 자기보존을 위해 체결된 '유리한 교환'이라는 것이다. 루소는 "사회계약에서 개개인 쪽에 있어 권리의 참된 포기가 있을 수 있다는 것은 완전한 오류"라고 지적한다. 그리고 사회계약의 결과 그들이 "이전 상태보다 현실적으로 더 바람직스러운 것이 되었으며, 또 그들은 권리의 양도는커녕 유리한 교환을 했음에 지나지 않는다"고 규정한다.[71]

그렇다면 사람들이 자연상태로 내몰리고 있는 지금의 현실에서 국가의 존재 이유를 어떻게 규명해야 할까? 자연상태의 위협에 맞서 사회적 안전망을 제고하는 것이 사회계약에 그 기반을 둔 국가 본연의 역할과 책무가 아니던가. 국가는 시장과 자본의 횡포 앞에서 국민을 안전하게 지키고 보호해야 한다. 함께 살기의 기본 원칙을 개발하고 상생의 공간을 개척하기, 이것이 바로 근현대문 명의 건축물 안에서 국가라는 것이 존재하는 이유가 아니겠는가.

'진보'라는 이름으로,
시장경제와 개인의 성장

/

근대 이전부터 인간이 개별적으로 활동할 수 있었던 유일한 공간은 교역의 중심지였던 도시의 '시장'이었다. 시장의 발달은 개인의 성장을 가능하게 했던 중요한 배경이다. 상거래 활동은 주로 각자의 이익을 추구하는 독립적인 개인들 사이에서 이루어진다. 종속적이거나 불평등한 관계에서는 정상적인 거래가 불가능하기 때문이다. 이런 이유로 시장은 애초부터 '개인화의 터전'으로 자리 잡았다.

화폐경제는 인간 사회에서 오랫동안 이어져오던 관계의 끈을 끊어버리고 이해관계와 기능적 관계로 얽힌 새로운 세상을 만들어냈다. 전통적 구속에서 해방된 인간관계는 익명성, 비인격성, 무관심으로 채색된다. 하지만 화폐가 가져온 경제적 이해관계에 기초한 기능적 결합은 개인적 활동의 자유와 독립성의 공간을 열어놓기도 했다.

이와 같은 맥락에서 게오르그 짐멜은 화폐경제가 인간관계에 가져온 획기적인 변화에 주목한다. 전통적인 인간관계가 단지 '돈을 주고받는 관계'로 전환되었다는 것이다. 인간관계 만들기의 새로운 조건이 '돈'과 함께 탄생한다. 돈은 "모든 인격적인 것과 특수한 것을 절대적으로 유보한 채" 지금까지 개인들을 결합시킬 수 있는 유일한 가능성을 가르쳐주었다. 오늘날 우리에게는 돈의 결합 방식이 너무나도 당연하게 느껴지지만, 이것은 "사실 가장 놀라운 문화 변동과 진보 가운데 하나"다.[72]

사람들은 '돈을 주고받는 존재'로 변신하게 됨으로써 기존의 구속과 제약들로부터 자유로워진다. 돈에 의해 매개되는 피상적이고 익명적인 인간관계는 '개체성'과 '내적 독립성'의 폭을 크게 넓히는 결과를 가져온다. "바로 이런 관계가 강력한 개인주의를 창출한다."[73] 익명적이고 무관심한 관계는 사람들을 소외시키고 스스로에게 의존하도록 만드는 메커니즘을 형성한다. 외적인 관계들로부터 물러난 인간의 고유한 자아는 "그 이전의 어느 때보다 더욱더 자신의 가장 내면적인 차원"으로 회귀한다.[74]

돈이 추동한 인간관계의 변화는 '평등주의'와 '휴머니즘'으로 이어진다. 돈을 매개로 하는 자유롭고 공정한 거래를 보장하기 위해 누구에게나 평등한 행위 규정들이 제정되고, 이는 평등주의의 정착을 가져온다. 평등주의는 "보편적으로 인간적인 것에 대한 표상"으로서 휴머니즘의 제고에 결정적으로 기여한다.[75] 짐멜의 주장대로라면 돈은 개인주의를 창출하는 한편 평등주의와 휴머니즘 형성에도 지대한 공헌을 한 것이다.

돈은 인격의 보존 및 자유의 실현을 가능하게 만드는 수단이 되기도 한다. 개인의 인격에 결부된 의무를 돈으로 상환할 수 있는 가능성은 '개인적 자유의 수단이자 버팀목'으로 작용했다. 돈과 자유의 결합으로 말미암아 기존의 인간관계에서 마땅히 짊어져야 할 의무를 돈으로 대체할 수 있는 길이 열린 것이다. 돈을 지불함으로써 사람은 더 이상 자기 자신이 아니라, "개인과 연관된 모든 내적인 관계에서 분리된 그 어떤 것"을 제공한다.[76] 돈으로 몸값을 대체함으로써 이루어진 농노 해방은 '자유를 향한 커다란 진보'로 귀결된다.

애덤 스미스는 전근대 문명의 딜레마였던 빈곤을 해결할 수 있는 가능성을 시장경제시스템에서 발견한 최초의 인물이다. 스미스는 전통 사회가 부도덕한 것으로 여겼던 이익추구를 인간의 자연스런 성향으로 인정했으며, 개인들 간의 경쟁적 이익추구가 사회 전체의 번영을 가져온다는 것을 확신했다. 인간의 이기적인 욕구가 국가적 부와 번영의 기반이 된다는 스미스의 주장을 유발 하라리는 '인류 역사에서 가장 혁명적인 아이디어'라고 평가한다.

스미스에게 이기주의는 궁극적으로 이타주의로 나아가는 길이다. 이로써 그는 부와 도덕 간의 전통적 대립을 부정하고 전근대 사회에서 부도덕한 인간으로 여겨졌던 부자에게도 천국의 문을 열어주었던 것이다.[77]

스미스의 견해에 의하면 자유로운 시장체제는 이기적인 본성을 가진 개인들의 자발적 협력을 자연스럽게 이끌어낸다. 시장경제는 자유로운 이익추구와 경쟁에 의해 자율적으로 작동한다. 스미스는 '이익'이라는 자극제와 '경쟁'이라는 조절요소의 상호작용을 시장법칙으로 파악하고 이 법칙을 '보이지 않는 손'이라 명명했다. 개인의 사적인 이익을 사회 전체의 이익과 가장 잘 조화되는 방향으로 유도하는 것이 '보이지 않는 손'이라는 것이다.[78]

스미스에게 시장은 '이기심'과 '공감'이 교차하면서 타인의 이기심에 대한 공감대가 형성되는 장소이기도 했다.[79] 그는 상대방의 이기심에 대한 공감이 시장경제의 파탄을 가져올 수 있는 탐욕과 독점을 억제한다고 생각했다. 공감이란 일종의 도덕감정이며, 이것은 이기심과 양립 가능한 것이다. 공감은 기존의 공동체에서 벗어난 개인의 이기심이 긍정되는 상황, 즉 '자본주의 시장체제에서 갖게 되는 도덕감정'이라는 해석도 가능하다.[80]

애덤 스미스는 인간의 이기심과 욕구에 대해 과소평가하지 않았던가? 전통 사회에서 이기심은 악덕으로 여겨졌다. 스미스에게 탐욕은 악덕이자 경계의 대상이지만 이기심은 '선'이다. 그런데 이기심과 탐욕은 결과적으로 동전의 양면이 아닌가. 이기심의 무조건적 긍정이 탐욕을 정당화함으로써 자본의 독점을 초래하고 새로운 계층질서와 양극화를 가져오지 않는가.

스미스는 '시장을 자유롭게 내버려두라'고 거듭 강조했다. 그는 개인의 경제적 자유가 절정을 이루는 시장이 결국에는 모든 것을 엄격히 규제한다는 기묘한 역설을 신봉했다. '시장법칙'과 '도덕감정'이 상호작용하면서 탐욕과 독점을 억제한다는 것이다. 하지만 시장법칙과 공감이 인간의 욕구와 욕망을 어디까지 제어할 수 있을까? 스미스는 시장경제시스템 내부에서 인간의 욕구와 욕망이 다차원적으로 발현되는 지점들을 치밀하게 파헤치지 못한 것으로 보인다.

스미스의 아이디어를 케인스^{John Maynard Keynes}의 오류, '인간의 욕구는 물질적 풍요를 통해 충족된다'와 비교해보자.[81] 스미스와 케인스, 두 사람 모두 인간 이기심의 전횡과 화폐의 힘에 대해 과소평가했다. 마르크스^{Karl Marx}가 규명했듯이, 화폐는 '권리'를 나타낸다. 화폐의 구매력은 '직접적 교환가능성의 권리'를 뜻한다. 화폐를 가진다는 것은 언제 어디서든 어떤 것과도 직접적으로 교환할 수 있는 '사회적 권리'를 획득하는 것이다.[82] 자본주의 사회에서는 '권리' 개념조차도 물질적 근거를 갖는 셈이다.

화폐에 의한 교환이 겉으로는 자유롭고 대등한 관계를 전제하지만 화폐와 상품의 실제 관계는 '비대칭적'이다. 화폐를 가진 자와 상품을 가진 자, 두 사람 중 화폐를 소유한 쪽이 더 우월한 지위를 차지한다. 시장에서 팔리지 않는 상품은 그곳에 존재할 이유가 없다. 그런데 자본주의 사회에서 대부분의 사람들은 상품의 형식으로 살아가고 있다. 반면 돈은 '모든 것을 모든 것으로 교환할 수 있는' 마력을 보유한다. 상품과 화폐 사이에 존재하는 이런 간극에서 신분적 차이가 발생한다. 스미스와 케인스는 근대 경제혁명 이후 서구 문명 전반에 침투하게 되는 '상품교환의 원리'를 간과하고 있다. 자본주의는 자기재생적 시스템에 기초한다. 자기재생적 시스템이란 자본이 상품교환 원리를 관철하면서 잉여가치를 얻는 시스템을 말한다.[83]

욕망이 이끄는
자본주의 사회의 풍경

/

자본주의 시스템은 인간의 욕구와 욕망에 꺼지지 않는 불을 붙였다. 이 주장의 근거로 '점화의 네 가지 형태'에 대해 알아보자.[84]

점화의 첫 번째 형태는 욕구를 조작하는 **광고**의 효과다. "당신이 살고 있는 집이 당신이 누구인지 말해준다." 이 아파트 광고 문구에서 집은 사람이 살아가는 데 꼭 필요한 주거 공간의 의미를 벗어나 있다. 집에 살고 있는 이가 어떤 사람인지 그 집 자체가 말해준다는 것은 소유물이 그 사람의 신분, 지위, 정체성을 그대로 '보여준다'는 뜻이다. 이쯤 되면 집은 더 이상 사용가치가 아니라 '전시가치'를 드러낸다. 아파트 광고뿐만 아니라 자동차 광고도 마찬가지다. "당신이 타고 다니는 승용차가 당신이 누구인지 말해준다." 여기서도 욕구 조작의 경우가 선명하게 나타난다.

두 번째 형태는 **지위경쟁**이다. 현대 사회에서는 민주주의 원리에 입각해서 모든 사람에게 평등이 보장된다. 그러나 소득의 측면에서는 그렇지 않다. 프랑스 역사가 토크빌Alexis de Tocqueville이 파악했던 것처럼, 불평등한 사회에서는 가장 뚜렷한 불평등도 눈에 보이지 않지만 모든 것이 평등할 경우에는 약간의 불평등도 첨예하게 부각된다. 이는 '평등의 역기능'을 가리키는 말이다. 이 역기능이 욕망의 한계를 확장하고 무한경쟁으로 향하는 문을 열어젖힌다.

사회적 조건의 평등과 이에 역행하는 소득의 불평등이 지위경쟁을 불러온다. 이것은 민주주의와 자본주의가 정면충돌하는 지점에서 생겨나는 문제점이다. 자세히 들여다보면 근현대문명의 원리이자 서로 모순되는 가치인 '자유'와 '평등'이 마찰을 일으켜 발생하는 문제이기도 하다.[85]

돈은 사회적 지위와 권력을 획득하고 유지할 수 있는 '권리'로 작용한다. 과거에는 한 사람의 몸 안에 흐르는 혈액이 사람들의 사회적 지위를 결정했다. 그런데 이제는 돈의 힘이 피를 대체하면서 그 결정력을 행사한다. 돈은 '새로운' 피를 생산하고 그 피에 준거한 '새로운' 세습적 신분 사회가 자리 잡는다. 이 같은 형국에서 '불안'이라는 정서가 사회 전반에 만연해지는 것은 당연한 결과다. "불안은 욕망의 하녀"라고 누군가 말하지 않았던가.[86]

세 번째는 **충분하다**는 생각을 무조건 적대시하는 관점·견해·태도다. 1930년대의 케인스는 인간이 필요의 수준을 만족시킬 만한 경제발전 단계에 이르면 그의 욕구는 완전히 충족될 것이라는 기대와 신념을 가졌었다. 로버트 스키델스키Robert Skidelsky는 케인스가 인간의 '탐욕'이라는 요소를 충분히 고려하지 않았음을 지적한다. 케인스는 무엇보다 필요needs와 욕구wants를 구분하지 않았다는 것이다. 필요에는 충족의 선이 있지만 욕구에는 '이만하면 충분하다'고 말할 수 있는 제한선이 없다.[87]

　　케인스는 '불충분함'이라는 완결된 형식의 부재가 시장경제 발전의 추동력으로 작동하는 측면도 간과했다. '충분함'은 끊임없는 물질적 성장을 내세우는 자본주의 시스템의 요구에 역행하기 때문에 그런 완결의 아이디어는 자연스럽게 거부된다. 욕망은 무엇을 먹고 살까? 일찍이 플라톤이《향연》에서 소크라테스의 입을 빌려 전했듯이, '욕망은 결핍을 먹고 산다'.[88] 소비 중심의 자본제 사회에서 욕망은 사회적으로 '생산'되고 사회적으로 '모방'된다.

　　거대한 욕망 시스템으로 불리는 자본주의 자체의 진화를 위해 **결핍**은 쉼 없이 창출되어야 한다. 그렇지 않으면 자본주의 욕망 시스템은 작동을 멈춰야 한다. 욕망은 결핍을 먹고 살기 때문이다. 자본주의 사회의 기본 문법이 생산과 소비라면 생산은 결핍의 무한 창출을, 소비는 욕망의 무한 추구를 의미한다. 그러한 결핍을 사회적으로 재생산해내는 장치가 바로 **기술혁신**이다. 기술

혁신을 통해 시장에 나온 '신제품'은 소비자에게 언제나 '결핍'인 셈이다. 광고의 효과는 그 결핍을 '지적'해주는 데 있다.[89]

점화의 네 번째 형태는 돈으로 '교환'이 가능한 영역이 끝없이 확장되는 것이다. **교환가능성**은 돈에 고유한 힘, 즉 '모든 것을 모든 것으로 교환할 수 있는' 마력을 나타낸다. 교환가능성으로 말미암아 "돈이면 다 돼!"라는 사고방식이 생겨난다. 그 결과 모든 것은 상품으로 탈바꿈한다. 돈의 마력이 사회 전체를 '시장'으로 전환시킨다. 모든 것을 돈으로 사고팔 수 있는 **시장사회**가 도래하는 것이다.

칼 폴라니Karl Polanyi는 산업혁명에서 가장 주목할 만한 변화를 기계제 생산의 도입에 의한 시장경제의 확립이라고 보았다. 폴라니의 분석에 따르면 시장경제와 시장사회는 근본적으로 다르지 않다. 기계제 생산시스템에서 화폐, 토지, 노동력이 상품화되면서 "사회를 구성하는 인간적, 자연적 내용물이 상품의 형상을 뒤집어쓰게 된다는 실로 엄청난 변화"가 발생한다.[90] 폴라니는 시장경제와 시장사회가 사실상 동전 양면의 관계에 있는 것으로 파악한다. 오로지 시장사회에서만 존재하는 시장경제는 "노동·토지·화폐를 포함한 산업의 모든 요소를 포괄해야 한다". 여기서 노동이나 토지가 의미하는 바는 "다름 아닌 사회를 구성하는 인간 자체이며 또 사회가 그 안에 존재하는 자연환경"이라 할 수 있다. 이것들을 시장 메커니즘에 포함시킨다는 것은 결국 사회의 실체를 시장

의 법칙 아래에 두겠다는 것이다.[91]

시장사회는 '모든 것을 사고팔 수 있는 사회'를 뜻한다. 마이클 샌델Michael J. Sandel은 시장사회에서 나타나는 가장 심각한 문제점으로 **불평등**과 **부패**를 지적한다. 불평등이 발생하는 이유는 '돈이 모든 차별의 근원'이기 때문이다. 부패를 가져오는 것은 '가격을 매길 수 없는 것priceless'에 가격을 매기는 행위라고 샌델은 설명한다.[92] 그럼으로써 돈으로 살 수 없을 만큼 소중한 것들조차 교환의 행위에 편입된다. 돈 되는 것들 중에도 하찮은 것이 있고, 돈은 안 되지만 지극히 소중한 것이 있다는 사실을 일깨워 주는 가격price과 가치value의 구분 자체가 시장사회에서는 사라져버린다. 결과적으로 시장사회에서는 시장가치가 사회문화적 가치들을 압도하고 지배한다.

짐멜은 전통적 인간관계에 부여되었던 책무에서 벗어날 수 있는 가능성을 열어준 것이 돈이라고 주장했다. 돈은 인간에게 **자유**의 획기적인 증진을 가져왔지만, 그로 인한 부작용도 만만치 않다. 삶의 내용이 공허해지고, 이는 "그러한 자유에 비로소 가치를 부여해주는" 돈으로 살 수 없는priceless 어떤 것들의 소멸로 이어진다.[93] 돈과 자유의 결합에 관한 논의에서 특히 주목할 점은 '농노해방'이 돈의 순기능에 해당한다면, 돈의 역기능은 '돈이면 안 되는 것이 없다'는 사고방식을 강화하고 고착시킨다는 것이다. 돈의 역기능은 이 세상에 존재하는 모든 것을 사고팔 수 있는 상품으로 전환시키는 막강한 힘에서 기인한다. 21세기에 와서 마이클 샌델이 시장사회의 양상을 분석했다면, 이미 20세기 초에 짐멜은 시장사회의 '근원'을 정확하게 파악한 것이다.

시장의 원리가 오늘날처럼 인간 삶 자체를 잠식하고 엄청난 지배력을 행사하게 된 것은 소비대중 스스로가 '자발적으로' 선택했기 때문이기도 하다. 이런 **비강제성**이 시장사회가 보여주는 독특한 양상의 하나다. 주민번호, 직업, 재정상태, 신용도, 여행경력, 구매패턴, 선호상품 등 지금 시장이 주도하는 개인정보 관리에서 자유로울 수 있는 사람은 없다. 시장의 개인정보 관리시스템이 소비자 개인의 욕망의 궤적을 관찰하고 추적하고 있는 셈이다. 이처럼 시장권력은 어디 한 곳에 집중된 것이 아니라 소비주의적 최면상태에 빠져 있는 소비대중 전체에 두루 퍼져 있다.

시장사회의 여러 문제점 가운데 또 다른 주목할 만한 것은 인간관계의 **추상화** 국면이다. 시장경제와 매스미디어의 체제 속에서 세계는 공허한 허영의 시장으로 전락하고 있다. 이윤의 극한을 추구하는 자본주의 시스템이 주도해온 과도한 경쟁은 인간관계의 **구체성**을 희석시켜버렸다. 돈이 인간 삶의 모든 층위를 장악한 현실에서 '둔감함'과 '무관심'의 편재는 추상화된 인간관계의 전형적 모습이다. 둔감함이라는 정신현상은 인간관계의 구체성에 대한 마비 증세를 나타낸다. 돈을 에워싼 이해관계의 비인격성과 익명성은 개별적이고 구체적인 것에 대한 관심과 반응을 차단해

버린다. 이와 같은 삶의 태도는 성공과 출세의 경쟁사회에서 남보다 앞서기 위한 합리적 선택이자 고유의 적응력으로 내면화되고 정당화된다.

3장

/

개인은 지금
어떤 시대를 사는가

동일한 장소에 머무르기 위해서는 모두가 최선을 다해 뛰어야 한다.

_루이스 캐럴, 《거울 나라의 앨리스》

흩어지는 동시에
비슷해지는 개인들

/

1992년에 출간된 《역사의 종말》에서 프랜시스 후쿠야마Francis Fukuyama는 자유로운 개인을 전제하는 자유민주주의와 자본주의 시장경제 체제를 '역사 발전의 최종단계'라고 힘주어 평가했다. 그러나 훗날 후쿠야마는 그 역사 발전의 최종단계에서 어떤 근본적인 '모순'을 읽어낸다. 체제 발전의 추동력이었던 개인주의가 그 체제의 유지와 존속을 위협하는 심각한 문제점의 원인으로 인식된 것이다. 그 문제점은 다름 아닌 '사회자본의 해체'라 일컬어진다. 사회자본이란 한 사회의 구성원들이 공유하는 가치와 규범의 집합체를 의미하며, 협력이나 신뢰와 같은 사회적 가치가 사회자본의 핵심을 이룬다.[1]

사회자본이 해체된 배경은 먼저 '무한no limits'이라는 아이디어를 중심으로 제작된 TV광고에 편승해서 사회적 구속으로부터 개인의 해방을 알리는 대중문화가 확산된 현상이다. 아울러 정보화 시대의 도래와 함께 증폭된 개별적 선택의 자유가 사회자본의 해체를 가속화시켰다는 것이다. 이와 같이 후쿠야마는 자유로운 개인에 기초한 역사 발전의 최종단계가 역설적이게도 스스로 감당할 수 없을 정도의 **파편화**라는 난제에 봉착해 있음을 지적한다.[2] 개인적 이해관계 앞에서는 그 어떤 동기도 무력해지는 세계에서 사회적 결속의 끈들은 끊어지고 파편화된 인간관계가 전면에 대두한다.

현대를 파편화의 시대로 여기지 않고 오히려 '동일성'의 시대로 파악하는 학자들도 있다. 프랑크푸르트의 사상가들에 따르면 현대인은 자기보존 때문에 **동일성**이라는 덫에 갇혀 있다. 이것은 개인주의 시대가 자기 안에서 거울처럼 대면하는 또 다른 역설적 현상이다. 생존의 정언명령에 사로잡힌 동일성 추구는 인류의 역사에서 **전체성**이 발현되는 지점이기도 했다. 이 지점은 또한 민주주의와 파시즘이 서로 간에 타협하는 접점이기도 하다.

20세기의 전체주의는 '생존과 정치의 역동적 동일성'에 기초한다고 조르조 아감벤은 주장한다.[3] 이를 증명이나 하듯이, 한나 아렌트는 독일 사회 전체가 암묵적으로 동조했던 미증유의 반인류적 범죄행위가 '생존을 위한 도덕적 전제조건'이었음을 아돌프 아이히만 사건을 통해 파악했던 것이다. 아감벤은 '생존의 정치화'를 전체주의 국가의 기본 전략으로 규정한다. 생존 문제가 전체주의적 지배에 정당성을 부여하고 그 지배의 필연성을 초래하는 것이다. 개인적·집단적 생존을 위해 추구되는 동일성은 전체성이 발현되는 공간이다. '전체성=생존의 공간=집단수용소'는 이렇게 현대적 삶의 공간의 숨겨진 패러다임으로 이해된다.[4]

생존에 집착하는 인간의 삶은 정치권력의 지배 도구로 쉽게 전락해버린다. 국가적·민족적 단위의 생존은 언제나 권력의 존재 이유였고 권력 행사의 합리적 근거로 작용했다. '경제 살리기' 같은 정치적 구호도 생존의 물질적 조건에 대한 강박증을 강화한다. 거창한 구호의 배후에 감춰진 정치적 전략은 이런 문맥에서 간파되어야 할 것이다. 경제제일주의에는 정부의 정책 목표뿐만 아니라 국민 대다수의 욕구가 반영되어 있다. 이는 우리 사회의 전체적 지향을 나타내며 전체성이 자리 잡는 지점이다. 한 사회의 품격과 수준을 좌우하는 사회의 근본 가치들 위에 경제적이고 물질적인 가치가 군림한다. 자유롭고 다원적인 관심과 대화로 구성되는 것이 사람 사는 세계라면 경제제일주의는 '무세계성', 즉 '세계 없음'을 초래한다. 김우창은 "부귀의 추구가 하나의 전체성의 체제"를 이루어 그 이외에 다른 삶이란 '선택 불가능한 것'이 된다고 말한다.[5]

인간에게 자기를 넘어서는 영역에서 삶의 목적을 정해주고 그 방향을 제시해주던 이성이 자기보존의 도구로 전락해버렸다고 프랑크푸르트 철학자들은 지적한다. 생존을 위해, 성공과 출세를 위해 도구화된 이성, 요컨대 **도구적 이성**이 전면적으로 지배하는 시대가 현대라는 것이다. 생존의 정언명령을 앞세우는 자본주의 시스템 안에서 자기보존의 도구가 아닌 인간 사유의 모든 요소는 '삭제'되고 만다. 이와 같은 이성의 위기는 개인의 위기 속에서 그대로 나타난다. "자유로운 기획의 시대"로 불리는 개인주의 시대에서 "개별성은 거의 전적으로 자기보존적 이성에 종속"된다고 호르크하이머는 말한다. 현시대의 화두는 자기보존이지만, '보존해야 할 그 어떤 자기self'도 존재하지 않는다.[6]

막스 호르크하이머는 개인들이 오로지 자기이익을 위한 관심에 사로잡혀 있다는 점에서 서로 점점 더 같아지고 있는 '동일화' 양상을 냉소적으로 질타한다. 이들이 세계 속에서 잘 살아갈 수 있는 유일한 길은 오직 **모방**을 통해서만 열린다. "가장 오래된 생물학적 생존 수단인 모방"은 생존의 바로미터라고도 할 수 있다.[7] 이렇게 보면 파편화와 동일화는 결국 동전의 양면과 같은 관계에 있다. 자본주의 사회에서 원자화된 개인들은 "사리사욕의 도랑을 침으로써 고립된 상태에 있을지라도, 바로 이렇게 사리사욕을 추구한다는 점에서" 서로 더욱 비슷해진다. 거대한 경제 동맹과 대중문화가 지배하는 현 시대에 동일성의 원칙은 "개인주의라는 베일을 벗어던지고 공개적으로 선언되며, 그 자체가 하나의 이상적 지위로 격상"된다.[8]

돈키호테,
현실과 대결하려는 개인들의 모델

/

슬픈 얼굴의 기사 돈키호테**Don Quixote**가 지금의 시대에 건네는 현재적 의미는 무엇일까? '돈키호테적인 개인'과 '돈키호테적이지 않은 세상'의 맞대결에서 돈키호테적 광기의 상징성이 발견된다. 당대 현실의 부조리, 야만성, 저속함에 저항하는 돈키호테야말로 자유로운 개인으로서 존재하고자 했다. 이와 같이 돈키호테는 근대 개인주의 문화 형성에 심대한 영향을 끼쳤던 문학 속 인물로 평가받고 있다.[9]

현대 사회에서 '돈키호테적' 개인의 몰락을 문제 삼으면서 호르크하이머는 '개인의 경제적이고 사회적인 생존 조건과 개별성 사이의 대립'이 개별성 자체의 본질을 이룬다고 말한다. 그리고 이러한 대립은 오늘날 "현실에 순응하려는 소망을 통해 개인의 의식 속에서 사라졌다"[10]는 것이다.

현대의 대중문화는 '있는 그대로의 세계'를 찬양함으로써 "개별성을 압박하는 사회적 강압을 더 견고하게" 만든다. 특히 대중매체에 자주 등장하는 성공과 출세 드라마는 개인의 자기보존에 대한 욕구를 자극하고 강화하면서 실제로는 개별성의 해체를 가속화한다. 그 이유는 "대중문화에서 개인주의의 수사학은 집단주의적 모방의 모형을 사람들에게 제시"하기 때문이다. 성공과 출세라는 사회적 이상의 유혹에 이끌려가는 개인의 열망과 실천은 기존 사회 시스템 전체의 확대재생산으로 귀착된다. 그 과정에서 정작 개인 그 자신은 "인간적 존재에서 조직의 한 부분으로 전락하는 가운데" 소진되고 마모될 뿐이다. 이것이 바로 개인의 평균화와 평준화를 시대의 특징으로 삼는 자본주의적 메커니즘의 작동 방식이다. 개인은 더 이상 어떠한 사적인 역사도 간직하지 못한다.[11]

그렇다면 개별성 상실의 시대를 살아가면서 '개별성 되찾기'는 어떻게 가능한가? 프랑크푸르트의 사상가들에게 개별성은 **비동일성**을 의미한다.[12] 그들이 제안하는 것은 동일성의 시대를 살아가면서 이에 맞서는 '비동일적이고 비판적인 사유가 맡는 역할'이다. 그것은 "개별적 주체가 현재 통용되고 있는 행동 양식과의 대립을 형성하는 데 있어서" 비동일성을 지향하는 (돈키호테가 보여준 것과 같은 그런) 사유의 역할을 지시한다.[13] 호르크하이머에 의하면 개인의 해방은 사회로부터의 해방을 의미하지 않는다. 그것은 오히려 집단화와 대중문화의 시기에 정점에 이를 수 있는 '원자화'로부터 사회를 구제하는 것을 뜻한다.[14] 이와 같은 맥락에서 편력기사 돈키호테의 모험이 갖는 두 가지 의미를 되짚어 볼 수 있다. 돈키호테의 모험은 '세상의 구원'이라는 공적 기능을 수행함과 동시에 '개인의 영광'을 위한 탐색의 여정을 보여준다는 점에서 양가성을 지닌다.[15]

소비자들의 '차별짓기'를 통한
개성의 실현

/

현대 개인주의 시대의 '개별성' 개념은 단지 개인이 가진 물질적 욕구와 관심들의 종합세트가 되어버린 것은 아닌가? 이런 경우에는 우리 각자의 개별성이 상업주의의 먹이로 남용되고 자본의 자기증식을 위한 도구로 전락해버린다. 광고는 소비자의 욕구를 자극해서 그녀 또는 그를 자연스럽게 소비행위로 유인한다. 개인의 욕구와 욕망은 무한 생산되고, 이를 충족시키는 것이 행복의 문을 여는 열쇠로 여겨진다. 그렇게 되면 다양성, 차이, 개성의 추구와 실현은 오로지 물질적 근거만을 갖는다. 장 보드리야르Jean Baudrillard가 말했던 것처럼, 인간이 자신의 모습과 마주하는 장소였던 '거울(성찰의 도구)'은 사라지고 '상품진열장'만이 넘쳐나게

되는 것이다.[16]

자본주의 시스템은 적극적으로 **차이**를 생산한다. 차이 생산은 멈추지 않는 기술혁신의 원동력이다. 소비주의를 조장하기 위해 자본이 착상해낸 기막힌 전략이 '차이의 상품화'라는 것이다.[17] 이 전략은 다음과 같은 광고 문구들에 기입되어 있다. "나는 다르다, 너와는 다른 신발을 신고 있으니까." "당신이 타고 다니는 승용차가 당신이 누구인지 말해준다." 소비자 개인의 차이 추구 욕구는 차이의 상품화를 위한, 진정 고갈되지 않는 자원들이다. '차이'는 소비자들 사이의 '차별짓기'를 가능하게 한다. 상품을 소비하는 것은 차이를 소비하는 것이고, 이는 '차별화'로 이어진다. 이를테면 명품은 다양성을 인정하지 않는다. 명품이 보장해주는 그 '차이'는 독보적이고 배타적인 것이기 때문이다. 그렇기에 명품 소비 행위는 경제적 동기보다 사회적 동기에 의해 추동된다는 점이 분명해진다.

이런 차이 추구와 차별짓기를 통해 개인들은 **개성**의 실현이라는 목적을 달성하고 자아의식을 강화한다. 자본주의 체제가 강제하는 삶의 방식은 현실적 이해관계의 면에서 개인들을 완벽하게 파편화함으로써 이기주의와 무한경쟁을 심화시킨다. 동시에 자본주의는 그렇게 파편화된 개인들을 획일적 소비문화로 포섭하여 그 안에서 차이 추구와 차별짓기로 유인함으로써 '동일성 속의 다양성'을 구현해낸다.[18]

죽지도 살지도 못하는
'자동화된 삶'

/

개인주의 시대의 우리가 직면하는 또 다른 딜레마는 '자유로운 강제의 모순' 혹은 '자율성과 자동성의 역설'이다. 자크 데리다 Jacques Derrida는 "자율성은 자동성의 가면에 불과하다"고 말한다. 생명체를 흉내 내는 자동 장치는 죽은 것도 살아 있는 것도 아니다. 그것은 '죽어 있으면서 동시에 살아 있다'는 것이다. 그렇게 자동 장치는 "삶과 죽음의 경계 위에서" 살아간다.[19] **자동성**은 기계 인형의 속성을 가리킨다. 기계인형은 자신의 의지에 따라 움직이는 것이 아니라 미리 설정된 계획이나 경로에 따라 작동한다. 현대 사회에서 개인주의적 삶은 기계인형의 속성처럼 자유와 강제의 모순적 혼합물이 아닐까?

현대인의 삶은 전통적 규범과 외부적 규제에서 벗어나 개인의 선택에 따라 달라지며 각자에게 일종의 프로젝트처럼 주어지는 양상을 보인다. 그러나 자유로운 선택의 삶은 허상에 지나지 않을 수도 있다. 사회학자 울리히 벡Ulrich Beck의 분석에 따르면, 시장경제가 모든 것을 지배하는 사회에서는 독신자가 영위하는 삶의 형태가 인간 삶의 원형으로 자리 잡는다. 오늘날의 시장경제시스템은 유용성과 효율성의 극대화를 위해 개인의 **독립성**을 요구한다. 시장논리는 개인에게 어떤 인간적 유대 관계에서도 자신을 떼어 놓도록 종용한다. 그리하여 이 논리를 철저하게 받아들일수록 깊이 있는 인간관계를 견지하기가 더 힘들어진다.

자유를 찾고 자기를 성취하기 위한 개별적 투쟁처럼 보이는 것이 실상은 시장의 정언명령에 순응하기 위한 개인의 자발적 선택으로 판명된다. 이 명령은 개인적 삶의 지형도가 노동시장 중심으로 재편되도록 지시한다. 따라서 개인의 삶에서는 "시장의 압력들을 내면화해서 자신의 인격과 일상생활, 그리고 미래를 위한 계획에 통합하는 일"이 가장 중요한 과제로 주어진다.[20] 이처럼 복합적이고 다면적이며, 사회적 구조의 변동을 반영하고 있는 '개인화'라는 용어는 한편으로는 선택의 자유를 의미하지만, 다른 한편으로는 내면화된 외적 요구들에 순응하라는 압력을 뜻한다. 그것은 자기 책임성을 의미하는 동시에 개인이 "전혀 알 수 없는 조건들에 의존하고 있다는 사실"을 뜻하기도 한다.[21]

이와 같은 사회학적 분석은 '성과사회'가 감추고 있는 근본적 모순을 선명하게 드러낸다. 그것은 성과주의에 내재하는 비강제적 시스템의 폭력이다. 스스로 자유롭다고 믿지만 실은 프로메테우스처럼 묶여 있는 성과주체는 자기 자신 외에 그 누구에게도 예속되지 않는다.[22] 자유와 강제가 일치한다. 강제가 자유를 가장한다. 성과를 극도로 추구하는 성과주체는 이른바 '자유로운 강제'에 헌신하며 자기 자신을 착취한다. '자기 착취'는 자유로운 느낌을 갖게 한다는 점에서 다른 사람에 의해 강제된 착취보다 효율적이다.[23]

이처럼 외적 강제 없이 개인의 욕망을 매개로 자동적으로 관철되는 '자기 착취의 효율성'에 기대고 있는 것이 작금의 자본주의 시스템이다. 성과사회는 그 구성원 모두가 '성과기계'로 둔갑하는 자기 착취의 사회다. 자기 착취의 경우 가해자와 피해자는 둘이 아니다. 성과주의에 매몰된 개인들은 완전히 죽지 않은 자들과 무척 유사하다. 자기 욕망의 덫에 갇혀 있는 기계인형은 자율성의 가면을 뒤집어쓴 채 삶과 죽음의 경계 위에서 살아간다. 유령처럼.[24]

멍청함은
어떻게 '키치'가 되는가

/

획일성이 현대 세계를 도배하면서 현대적 인간의 자격 조건으로 자리매김하기에 이르렀다. 현실은 획일성의 문화에 사로잡혀 있기 때문에, 누구든지 그 현실과 타협하려면 획일성 속으로 들어가지 않을 수 없다. 획일성을 쫓아가지 않는 사람은 그 사실만으로 현실 어디에도 속하지 않는 '비현실적'인 느낌을 자아낸다. 프란츠 카프카Franz Kafka의 소설《성城》에서 측량기사 K가 그랬던 것처럼, 획일성의 세계에서 현실과의 관계를 제대로 갖지 못한 개인은 비현실적인 존재로 추락한다.

쿤데라는 어떤 현상이 너무나 일반적으로 일상화되면 사람들이 더 이상 그것을 분별할 수 없게 된다고 말한다. 그리고 획일화된 삶의 행복감에 빠져 있을 경우 사람들은 자신들이 걸친 제복, 즉 획일성을 알아보지 못하게 된다고 이야기한다.[25] 지금으로부터 30여 년 전에 쿤데라가 《소설의 기술》에서 서술한 내용이지만 그 울림은 여전히 강렬하다.

쿤데라는 플로베르Gustave Flaubert가 찾아낸 **멍청함**을 두고 19세기의 '가장 위대한 발견'이라고 평가한다.[26] 그런데 그 '멍청함의 가장 충격적이고 저속한 면모'는 문명의 진보와 더불어 멍청함도 진보한다는 점이다. 그렇게 진보한 멍청함이 갖는 현대적 의미는 '통상적인 생각의 공허함'이다. 오늘날 획일성을 상실하는 것이 곧 절대적인 불행이자 인간적인 것 바깥으로의 추방을 의미한다면, 앞으로 다가올 세계에서도 컴퓨터와 매스미디어를 통해 '통상적인 생각'이 쉴 새 없이 전파되리라는 것을 상상하기란 그리 어렵지 않다.[27] 모든 독창적·개인적인 생각을 짓눌러 버리고 그렇게 함으로써 근대 유럽 문화의 본질을 사장시키는 것은 다름 아닌 멍청함, 즉 '통상적인 생각의 공허함'일 것이라고 쿤데라는 지적한다.[28]

멍청함과 단짝을 이루는 것이 **키치**kitsch라는 삶의 방식이다. 쿤데라는 키치를 '어떻게든 보다 많은 사람들의 환심을 살 수 있게 되기를 바라는' 일상적 태도라고 정의한다. 그러기 위해서는 '사람들이 듣고 싶어 하는 것만을 들려주어야 하고 통상적인 생각에 봉사해야만' 한다.[29] 키치는 통상적인 생각의 멍청함이 아름다움의 언어로 번역된 것이다. 그것은 우리가 생각하고 느끼는 방식의 천박스러움에 대한 염려를 우리에게서 강탈해 버린다. 수많은 사람들의 관심을 끌어야 하고, 환심을 사야 한다는 정언명령에 포섭된 **매스미디어**의 미학은 '키치의 미학'으로 변형된다. 매스미디어가 점점 더 우리 삶을 포획하고 그 속으로 침투함에 따라 키치는 '일상적 삶의 방식'으로 둔갑한다.

모더니티의 중핵은 개인과 개인주의라는 점을 상기할 필요가 있다. 하지만 오늘날 모더니티는 '시대에 뒤처지지 않으려는 필사적인 노력'이자 매스미디어의 가공할 만한 힘으로 인해 '가장 획일적인 것보다 한층 더 획일적이고자' 애를 쓰는 것을 가리킨다.[30] 모더니티 자체가 키치의 옷을 걸친 셈이다. 획일성, 멍청함, 키치 이 셋은 근현대 문명의 중핵 '개인'과 '개인주의'를 집어삼키는, 몸 하나에 머리가 셋 달린 괴물이다.[31] 지금 이런 괴물이 자주 출몰하는 장소가 매스미디어의 세계가 아니던가.

매스미디어가 지구 전체를 장악하고 있다. 세계를 통합하는 미디어는 인류 전체가 받아들일 수 있는 단순하고 상투적인 똑같은 내용들을 쉼 없이 전 세계에 공급하고 있다. 마침내 지구의 역사는 서로 분리될 수 없는 '하나의 전체'에 당도했다. 인류의 오랜 꿈이었던 그 통합이 의미하는 바는 '어느 누구도, 어디로도 도피할 수 없다는 것'이다.[32] 동일한 정신이 표면적 상이함의 가면을 뒤집어쓴 채 유령처럼 편재하고 있다. 매스미디어가 다양성의 이면에 감추고 있는 막강한 **집단성**, 그것이 우리 시대의 정신이라면, 이는 소설의 정신과 결코 어울리지 않는다고 쿤데라는 역설한다. 소설의 정신은 세르반테스의 《돈키호테》와 함께 탄생했으며, 인간 실존의 다양한 가능성을 탐색하는 소설은 '개인이 존중받는 세계'이기 때문이다.[33]

데이터교도와
디지털 파놉티콘의 세계

/

《호모 데우스》의 마지막 장에서 유발 하라리는 전례 없는 종교의 출현에 대해 언급하고 있다. 이 새로운 종교는 신도 인간도 섬기지 않는다. 이 종교는 오로지 '데이터'만을 숭배한다. 여타의 종교와 마찬가지로 데이터교 역시 포교를 한다. "모든 것을 시스템에 연결하라"고. 데이터교의 신앙인들은 '스스로 데이터 흐름의 일부가 되기를' 바라며 그것이 자신의 자율과 사생활을 침해하고 개인성을 포기하는 것이라 해도 상관없다.[34]

하라리가 '데이터교'라고 표현한 것은 막강한 집단성의 또 다른 이름에 지나지 않는다. 데이터교도들은 데이터 흐름과의 연결이 끊기는 것을 인생의 의미 자체를 잃는 일로 생각하고, '내 행동이나 경험이 전 지구적 정보교류에 아무 기여도 하지 못한다면 무슨 의미가 있겠느냐'며 반문한다.[35] 개인의 행동이나 경험은 타인들과 공유되지 않으면 아무런 의미도 없다. 개인은 이제 자기 안에서 의미를 발견할 필요가 없어진 것이다.

이전 세대들에게 '일기'라는 것은 개인의 사생활을 기록하여 오래도록 간직할 수 있는 소중한 보물상자 같은 것이었다. 그런 의미에서 일기는 개인의 진정성을 담아낼 수 있는 그릇이자 프라이버시의 대명사였다. 현재의 젊은 세대에게는 자기를 제외하고는 아무도 읽을 수 없는 일기를 쓴다는 것은 완전히 쓸데없는 짓이다. 개인의 내밀한 경험은 사적 영역과 작별을 선언한다. 그러한 경험은 디지털 네트워크에 연결되고 낯선 타인들과 공유될 때만 의미를 획득한다. 이처럼 개인은 데이터 시스템에 완전히 포섭되어 있다.

페이스북과 인스타그램의 시대에 디지털 미디어는 개인에게 사적이고 내밀한 모든 것을 '업로드'하라고 지시한다. "당신이 경험하는 모든 것을 기록하고, 업로드하고, 공유하라!" 개인으로서 단독으로 존재하는 것 자체는 무의미하다. 전 지구적 차원에서 전개되는 단일 네트워크와의 연결은 개인의 경험이 얻고자 하는 모든 의미와 가치의 원천이다. 그 결과 자유로운 개인은 지구 전체를 아우르는 데이터 처리시스템 속으로 흡수된다. 이제 개인은 자신의 존재 가치를 데이터 시스템에다 증명해야 한다. 하라리는

"21세기에 데이터교는 인간 중심적 세계관에서 데이터 중심적 세계관으로" 옮겨갈 것이라며 그것이 인간을 밀어낼 것이라고 주장한다.[36]

오늘의 세계는 어떻게 보면 개인의 사생활이 '전시되고 판매되고 소비되는 시장'과도 같다. 젊은 세대 한가운데 던져진 새로운 정언명령이 있다면 그것은 '절대적으로 미디어에 융합되기'일 것이다. 디지털 커뮤니케이션의 영향으로 개인의 내밀하고 사적인 영역을 노골적으로 '전시'하는 경향이 점차 강화되고 있다. 소셜네트워크가 '개인적인 것의 전시 공간'으로 자리 잡은 것이다. 속이 훤히 들여다보이는 '유리 인간'을 만들어내는 공간으로 말이다.[37] 롤랑 바르트Roland Barthes는 개인의 사적 영역을 "내가 어떤 이미지도, 어떤 대상도 되지 않는 시공간의 영역"으로 보았다.[38] 디지털 미디어에 흡수된 개인에게 프라이버시 따위는 존재하지 않는다. 어디서든 카메라가 존재하고 내가 이미지가 되지 않는 곳은 없기 때문이다.[39]

소셜미디어가 점점 더 개인의 삶을 감시하고 통제하는 '디지털 파놉티콘'에 가까워지고 있다는 우려도 제기된다. 자유로운 공간으로만 여겨지는 구글을 비롯한 소셜네트워크가 하나의 파놉티콘 형태를 취하며 세계 전체를 장악하고 사람들은 자발적으로 파놉티콘의 감시에 몸을 맡긴다. 자신들을 적극적으로 노출하고 전시하면서 디지털 파놉티콘 구축에 참여한다.[40] 존재하는 모든 것을 상품으로 전환시키는 시장자본주의가 추구하는 것이 '전시가치의 극대화'라는 점에 주목해야 한다. 디지털 파놉티콘의 근본적 특징은 인간의 욕망에 의해 매개된 **비강제성**과 **집단성**의 절묘한 유착 관계에서 발견된다. 디지털 파놉티콘의 거주민들이 남들의 강제가 아니라 스스로의 욕구에 따라 자신을 드러내고, 내밀하고 사적인 영역의 공개와 그로 인한 두려움보다 남들 앞에 과시하거나 자랑하고 싶은 욕구가 더 커진다면 완벽한 통제 사회가 이루어진 것이나 다름없다. 즉 자유와 통제를 구별할 수 없게 되는 것이다.[41]

'거대한 추상화'에서
한 인간의 '구체성'으로

/

지금까지 개인이 처해 있는 여러 딜레마의 양상을 살펴봤을 때, 현대 사회에서 자유로운 개인으로서 존재하는 것은 여간 힘든 일이 아니다. 근대의 '위대한 발명품'으로 알려진 '개인'과 '개인주의'는 전근대적 권위주의와 집단주의, 계급과 신분에 의해 소외되었던 '구체적인 인간에 대한 자각'에서 시작되었다. 그러나 근대 이후 개인주의와 휴머니즘이 단짝이 되어 추구해온 이상과 가치들은 자본주의 시장경제의 지배력 앞에서 백기를 들고 말았다. 모든 것이 시장의 원리에 복속됨으로써 시장경쟁력을 생존을 위한 절대조건으로 강제하는 '시장제일주의'가 개인이 존엄한 인간으로서 당연히 누려야 할 권리마저도 위협하고 있다.

약육강식과 승자독식 같은 정글의 법칙이 상생의 관계를 해체한다. 삶의 세계는 생존의 체제로 전환된다. 생존의 강박이 인간다운 삶에 대한 관심을 삭제한다. 생물학적 생존의 과정으로 축소된 일상에서의 삶은 삶 자체의 파괴로 이어진다. 이것은 우리 시대가 보유하고 있는 여러 역설 가운데 가장 근본적인 것이 아니던가. 아도르노^{T. W. Adorno}가 환기시켰듯이, 자본주의의 야만성 앞에서 사라지는 것은 인간이라는 실체와 그 자신의 본래적 삶의 양식이다. 예전에 삶을 의미했던 모든 것은 이익의 극대화라는 지상명령에 질질 끌려가는 소모의 공간이 되어버렸다. 삶의 본래성을 회복하려면 그 소외된 형상을 직시해야 하며, 개인의 존재를 가장 깊은 곳까지 추적하여 규정해버리는 자본주의적 질서, 규범, 가치를 극복해야 한다.[42]

지금 우리가 살고 있는 이 세계는 자본의 세력과 이에 기생하는 매스미디어가 전방위적 헤게모니를 장악함으로써 공허한 허영의 시장으로 변모해가고 있다. 이처럼 거대한 덫으로 탈바꿈한 세계에서 개인으로서 존재한다는 것은 어떤 것일까? 오늘의 현실에서 개인으로서 산다는 것은 스스로 선택하고 결정할 문제라기보다는 외부에서 주어지는 일정한 조건에 적응하고 순응하는 것을 의미하지 않던가. 누구나 "빈칸을 채워 넣어야 하는 모든 설문지들의 도식에 따르는 것처럼" 그와 같은 방식으로 살아가고 있지 않는가. "인간의 정신적 실존은 여론 조사에서 고갈"된다.[43]

어느 누구도 빠져나갈 수 없는 외부에 의해 서로를 점점 닮게 만드는 상황 앞에서 느끼는 공포감은 이미 잊힌 지 오래됐다.[44] 밀란 쿤데라가 카프카에 의해 제기된 물음을 염두에 두고 말했던 것처럼, 내면적 동기가 완전히 힘을 잃고 외부적인 결정이 압도적으로 장악해버린 세계,[45] 이곳에서 아직 우리에게 '자유로운 선택의 가능성'이 남아 있기나 한 것인가? 하지만 감옥에서조차 자유로울 수 있는 것이 인간이라고 누군가 말하지 않았던가. 러시아의 수학자 페렐만Grigori Perelman의 이야기는 우리에게 이미 불가능한 것이 되어버린 그 어떤 것, 다시 말해 자기 삶을 자기의 생각대로 선택하여 살 수 있는 가능성을 보여주고 있다.[46]

우리가 생각할 수 있는 가장 작은 세계로 돌아간 페렐만. 그는 상트페테르부르크의 아파트와 어머니, 등산과 버섯 따기로 돌아섰다. 그곳은 과장된 가치의 세계가 아닌 구체적 삶의 환경이었고 '사람이 사는 세계'였다. 페렐만의 선택은 어쩌면 매우 보잘것없고 미약한 것일 수 있다. 그렇지만 "모든 공적인 빛이 세계를 오히려 어둡게 하는 것일 수밖에 없다면", 그것은 오히려 개인으로서는 "유일한" 선택일지도 모른다.[47]

페렐만의 이야기는 그와 함께 동시대를 살아가고 있는 우리에게 여전히 풀리지 않는 수수께끼처럼 전해진다. 거의 납득 불가능한 페렐만의 이야기에 한 걸음 더 다가서게 하는 것은 그의 선택이 보여주는 개인의 **질적 유일성**이다. 페렐만의 자유는 일체의 속박에서 벗어나는 것이라기보다는 "개별 인격체들의 고유한 자기법칙성에서" 발견된다.[48] 어디서든 각자 소유하고 있는 "특별하고 비교될 수 없는 것이 삶을 살아가는 가운데 표출된다는 점"이야말로 자유의 궁극적인 본질이다. 짐멜은 우리 각자가 다른 어느 누구로도 대체될 수 없다는 점이야말로 "우리가 사는 방식이 다른 사람에 의해 강요될 수 없음을 증명한다"고 말한다.[49] 페렐만의 선택은 '개인'이라는 존재가 지닌 비교 불가능하고 대체할 수 없는 유일성의 표현이다. 그의 자유로운 선택으로 말미암아 우리는 거대한 시장시스템으로 추상화되어가는 삶의 현장에서 한 인간의 구체성이 전면에 등장하는 것을 목격할 수 있다.

이 책의 2장에서 서술했듯이, '개인individual'이라는 단어는 '더 이상 나뉠 수 없는'이라는 뜻을 가진 라틴어 형용사 indivídŭus에서 유래했다. 개인은 '더 이상 쪼개질 수 없는 존재'를 의미하며, 이는 어떤 집합체의 균열을 전제한다. 점진적인 쪼개짐의 최종 단계에 그 모습을 드러내는 것이 개인이라면 역으로 개인은 집합체를 구성하는 가장 근본적인 요소임이 분명하다. 전근대에서 근대로 이행하면서 자유로운 개인은 기존 문명의 문법을 해체함과 동시에 새로운 세계를 개척해나갈 주역으로서의 의미와 책임을 짊어진 존재였다. 전통 사회의 규범과 질서가 무너지자 개인의 독립성과 자유를 위한 공간이 점차 확대되었고 삶의 양상이 개인화하는 역동적인 변화가 발생했다. 하지만 그러한 개인화의 과정에 이기심의 어두운 그림자가 드리워졌고, 이는 무분별한 경쟁과 파편화를 초래했다. 인간의 이기심이 도처에 만연한 국면에서 근대 사상가들은 자유로운 개인들의 협력과 연대를 구현할 수 있는 규범적 근거의 모색에 주력했던 것이다.

바로 이 지점에서 칸트의 계몽사상이 남긴 유산을 재평가해볼 필요가 있다. 과거를 재해석하여 현재를 의미 있게 만드는 것이 미래를 위한 길이기 때문이다. 홉스가 간파했듯이, 자연상태에서 인간은 자기보존에 전력을 다하는 이기적 존재로 둔갑한다. 이 경우에 자연권은 오로지 개체의 자기보존권 내지 생존권을 의미한다. 약육강식과 적자생존 같은 밀림의 법칙이 자연법으로 정당화된다. 그런데 현 단계의 자본주의(신자유주의)는 이 세계를 자연상태로 재배치하는 체제가 아니던가. 그리하여 무한경쟁, 승자독식, 각자도생이 인간 사회의 당위적 문법으로 고착되고 있지 않은가.

시장의 원리와 자본의 횡포가 강제하는 자연상태에 처한 개인은 어떤 의미 있는 판단과 선택을 할 수 있을까? 수학자 페렐만은 외부적 결정이 압도적인 것이 되어버린 세계에서 자유로운 선택의 가능성을 보여주었다. 성공과 출세에 집착하는 신자유주의적 개인화의 법칙을 넘어서는 페렐만의 선택에서 칸트적 의미에서의 **자율적 개인**의 존재가 포착된다. 자율적인 개인에게는 언제나 다른 개인들과의 협력과 연대의 가능성이 열려 있지 않은가.

칸트는 자유로운 개인들의 협력과 연대를 이끌어낼 수 있는

'관계의 건축술'을 근대적 정체성의 세 겹에서 찾았다. 근대 과학자들의 공동체가 보여준 것처럼, 개인주의, 민주주의, 휴머니즘이 삼위일체로 융합된 사회구성체만이 안정되고 견고하게 존립할 수 있다. 이러한 사회구성체를 정초하기 위한 필요조건은 개인, 시민, 인간이라는 정체성의 세 겹 사이에서의 **자유로운 이동의 가능성**이다. 여러 정체성들 사이에서 자유로운 이동이 없다면 개인주의, 민주주의, 휴머니즘이 결합된 사회구성체는 현실적으로 구현되기 어려울 것이다. 이 혼합체를 가능태에서 현실태로 바꿀 수 있는 **윤리적 조건**이 있다면 그것은 바로 세 겹의 정체성 사이에서 자유롭게 움직일 수 있는 개인의 역량이다. 칸트에게 이성은 무엇보다 자유로이 이동할 수 있는 정신능력을 가리켰다. 그런 의미에서 이성은 자유와 맞닿아 있으며, 그러므로 '이성적인 것이 곧 자유로운 것'이다.

4장
/
개인주의 사용을 위한
15가지 제안

산다는 것은 오직 타자로부터, 죽음을 통해서만 배울 수 있다.

_자크 데리다, 《마르크스의 유령들》

1
교양,
인간다움을 지키는 마지막 보루

/

"하늘이 돌지 않고 땅이 돈다.""페이스북에 '좋아요'를 400번 이상 클릭하면 컴퓨터가 나 자신보다 나를 더 잘 알 수 있다." 두 주장의 어느 쪽이 더 충격적인가? 둘 사이에 가로 놓인 것은 500여 년의 시간이다. 이 두 가지 예시는 인간의 인식 세계에서 전대미문의 지각변동을 암시한다.

첫 번째 명제는 16세기 폴란드 출신 과학자 코페르니쿠스가 내놓은 것이다. 이것은 근현대 문명을 일궈낸 과학혁명을 촉발시킨 계기로 평가된다. 두 번째 것은 지난 500년간 지속된 근현대 문명의 기존 구도를 해체하고 인류가 문명 전환의 기류 한가운데 있음을 알리는 신호탄의 성격을 갖는다. 데이터에 기반을 둔 컴퓨터

알고리즘이 인간 내면을 해킹하는 시대가 머지않아 열리게 되는 것이다.

근래에 들어 산업화, 세계화, 정보화에 이은 '4차 산업혁명'이라 일컫는 첨단과학기술이 가져올 급진적 변화에 대한 관심과 우려가 깊어지고 있다. 구글의 기술책임자 레이 커즈와일^{Ray Kurzweil}에 따르면, 인공지능, 나노기술, 생명공학과 같은 21세기를 상징하는 첨단과학기술이 열어갈 특이점^{singularity} 시대가 임박했다.[1] 커즈와일이 말하는 특이점이란 인공지능이 비약적으로 발전해 인간의 사고능력을 뛰어넘는 시점을 가리킨다. 2045년으로 추정되는 이 특이점의 도래는 우리에게 첨단기술에 대한 '약속'과 '위험'이라는 두 가지 의미로 다가선다.

2016년 봄, 한국에서 열린 이세돌과 알파고^{AlphaGo}의 바둑 대결에서도 많은 사람들은 기계가 인간을 이기긴 어렵다고 생각했다. 그러나 그 결과는 충격적이었다. 이세돌과 알파고의 대국은 인류 역사 최초로 의식과 지능의 '분리'를 보여준 사건이었다. 인간은 의식, 지능, 감정의 복합체다. 이런 인간으로부터 독립된 (인공)지능이 그에게 패배의 쓴 잔을 안긴 것이다. 이 또한 인류가 문명사적 전환의 시점에 당도해 있음을 선명하게 보여준다.

이와 같은 문명 전환의 국면에서 대학교육의 목표와 그 내용 및 방법 등, 교육 전반에 걸쳐서도 큰 변화가 예상되고 있다. 특히 최근의 교양교육 관련 연구들은 대학이 기존의 교양교육 프레임을 가지고서는 4차 산업혁명 시대를 열어갈 수 없는 지점에 이르렀다고 진단한다.[2] 요컨대 4차 산업혁명은 무엇을, 어떻게 가르칠 것인가에 대한 근본적인 성찰을 요구하고 있다는 것이다.

21세기 기술혁명의 시대, 한층 가속화되어 변화한 지식지형도에 어울리는 대학교육의 내용과 방법의 재구조화 문제도 대두하고 있다. 각 분야별로 빛의 속도로 양산되는 지식의 총량이 가져올 파고에, 전공 중심의 교육은 그 한계가 명확히 드러나므로 보편적·융합적·학제적 사고와 역량을 키우는 교양교육의 역할이 재발견되어야 한다는 것이다. 교양교육을 통해 인류 문명을 만들고 지탱해온 문화적 유산을 확인하고 인간과 세계에 대한 폭넓은 이해를 확장해나가는 것이 더욱 긴요해졌다는 말이다.

대학의 존재 이유가 시장의 힘에 맡겨진 작금의 현실에서 인간과 세계에 대한 폭넓은 이해를 바탕으로 삶의 의미와 방향을 찾고, 자신과 사회를 변화시키는 역량을 기른다는 교육 이념은 공허한 울림처럼 들릴 수도 있다. 하지만 교양교육의 오랜 전통을 되돌아보면 자연스럽게 마주하게 되는 것이 '후마니타스humanitas' 이념이다. 이 이념은 인간이 인간다운 삶을 영위하기 위해 반드시 가르치고 배워야 할 지식과 경험의 총체를 환기시킨다. 후마니타스 이념이 제시하는 대학교육의 본질은 '인간적인 가치의 고양'이기 때문이다. 특이점의 도래를 눈앞에 두고 있는 지금의 우리가 인간다운 삶을 살아가기 위해 반드시 가르치고 배워야 할 지식과 경험은 어떤 것이어야 할까?

　교양교육 연구자들이 4차 산업혁명의 의미와 그 전개 방향을 검토하고, 그에 따른 대학교육의 변화와 교양교육의 과제에 대해 다각적으로 논의하는 과정에서 공통적으로 거론되는 것이 기술 혁신이 가져올 큰 변화이자 도전에 해당하는 여러 문제점이다. 인공지능의 지배력, 인간과 기계의 결합에 따른 상호 간의 경계의 모호성, 육체적·인지적 능력에서 앞선 (강화된) 인간 유형의 출현과 권력 재편, 부의 양극화와 격차 심화 등. 그 가운데 가장 주목할 만한 근본적인 문제는 인간 존재와 인간성 자체에 대한 도전이다. 이에 지혜롭게 대응하기 위해서는 인간의 고유한 영역을 어떻게 이해하고, 또 그것을 어떻게 지켜낼 것인지에 대해 숙고해보는 일이 선행되어야 한다.

　인공지능이나 로봇으로 대체될 수 없는 인간 고유의 능력을 이해하고 키우고 보존하는 일이 매우 중요한 교육적 과제로 제시된다. 전례 없는 기술의 힘이 가져올 변화와 혁신의 소용돌이 한복판에서 돌파구를 찾으려면 인간적인 판단과 선택의 가능성에 기댈 수밖에 없을 것이다. 이를 위해서는 인간과 세계에 대한 폭넓은 이해를 기반으로 인간다운 삶을 영위하기 위해 반드시 추구해야 할 의미, 가치, 목적에 천착하는 교양교육이 필수적이다. 인공지능이나 로봇으로는 결코 접근할 수 없는, 인간만의 고유 영역이 무엇인지 탐구하고 그러한 인간적인 시선으로 문명과 사회를 바라보게 해야 한다. 그것이 문명 전환기의 교양교육이 잃지 말아야 할 목표이자 지향점일 것이다.

교양교육의 핵심은 무엇보다 교육의 내용에 있어야 한다. 다양한 학습자의 요구를 만족시키고 흥미를 유발할 수 있는 핵심 콘텐츠의 개발이 앞으로 대학의 경쟁력을 좌우할 것이다. 미래 대학의 경쟁력은 그 대학이 가진 교양교육 핵심 콘텐츠에 달려 있기 때문이다.[3] 교양의 깊이와 폭을 동시에 추구하는 그런 학습과정이 젊은 세대의 학생들에게 미래의 복잡한 변화를 읽어내고 그에 대응하는 힘을 길러줄 것이다.

풍요와 번영을 가져온 산업화, 세계화, 정보화의 한가운데서 '대학은 어떻게 존재해왔는가'라는 질문을 던져본다. 지식산업체로 탈바꿈한 대학은 시대가 주도해온 경쟁논리, 그에 따른 획일화, 표준화, 규격화에 편승해왔으며, 그 결과 추구해야 할 마땅한 가치와 목적이 크게 위축되는 경향을 보여주고 있다. 풍요와 번영을 추구하면서도 자신의 주변과 환경을 살피는 지혜와 안목의 부족이 기후변화, 환경훼손, 양극화, 인권침해, 배타주의, 불평등 같은 문제점을 더욱 심화시키고 있다. 이제 대학은 풍요와 번영의 실용가치에 기여하면서도 학문의 인간적 가치를 다시금 되새길 수 있는 균형감각을 찾아야 할 것이다. "인간이 마땅히 지켜내야 할 가치"보다 현실을, "우리가 마주한 공동의 현실"보다 내 현실을 마주하고, 그 현실의 중추를 이루는 '사적 이익과 관심'에만 치중하는 모습들. "대학이 그런 '좁은 현실'의 틀 속에서 '인간 보편의 현실'을 지나치게 소홀히 취급하지 않았는지" 치열하게 고민해야 할 때가 아닌가.[4]

대학은 경제적 가치 외에도 주력해야 할 분야가 무척 많다는 점을 충분히 고려해야 할 것이다. 학생 개인의 성취가 공적 기여로 이어질 수 있는 학문적 토양을 일궈내는 것이 지금 시대가 대학에 요청하는 사명이 아닌가? 대학교육의 1차적 과제가 젊은 학생들의 탁월성 제고라면, 그 탁월성이 무엇을 위한 것인지도 반드시 물어야 한다. 그 탁월성이 "이 시대가 요구하는 다양한 삶의 가치와 목표, 공적 기여를 위한 것인지" 질문해야 한다.[5]

이제까지의 한국 사회에서 대학교육이 잃어버린 것이 있다면 그것은 곧 '인간에 대한 이해'가 아니겠는가. 한국 교육이, 한국 사회가 위기에 빠져 있다면 그에 대한 근본적인 원인은 이 질문에서 찾아야 한다. "대학에 교양교육은 왜 존재하는가?" "교양교육은 무엇을 목표로 하는가?" 이것들은 대학교육이 어떤 경우에도 생략할 수 없는 기본적인 질문들이다. 교양교육과 전공교육은 같지 않다. 전공교육이 특정 분야에서 지식·기술·연구를 심화하고 그 학문 분야의 전문성을 키우는 데 목적을 두고 있다면, 교양교육의 목적은 한 인간이 사회에서 무슨 일을 하든, 어떤 직업을 가지든, 평생 살아나가는 데 도움이 될, 그의 삶을 안내할 기본 역량을 길러주는 것이다.

인간이라는 존재가 추구하는 가치와 이 지상에 사는 의미, 목적에 대한 탐구가 없는 교양교육은 말 그대로 아무것도 아니다. 교양교육의 세 가지 뼈대는 의미, 가치, 목적이다. 이 지상에 사는 의미, 추구해야 할 가치, 삶의 목적이 그것이다. 이 본질적인 질문은 인문학의 기본 질문이기도 하다. 이와 같은 가장 기본적이고 본질적인 질문을 대학교육에 끌어들이는 것이 교양교육의 역할이다. 이를 실행하기 위해서는 먼저 '두 가지 기본 질문'에서 출발해야 한다. ①**나는 어떤 인간이 되고자 하는가**, ②**나는 어떤 세계에 살고 싶은가**. 젊은 세대의 학생들이 이 기본 질문 두 가지를 가슴에 안고서 스스로 그 답을 찾도록 안내해야 할 것이다. "인간을 이해하고 세계를 이해할 수 있게 하는 일은, 혹은 그 이해를 위한 단초를 열어주는 일은 대학교육의 가장 중요하고 본질적인 과제에 속한다."[6]

교양교육의 학습목표는 학생들에게 인간과 세계를 폭넓게 이해하고 인간의 삶이 어떻게 의미를 획득하는지를, 바람직한 세계는 어떻게 만들어져야 하는지를 스스로 모색할 수 있도록 기초체력을 키워주는 것이다. 학부생 한 사람 한 사람이 탁월한 **개인**으로, 책임감 있는 **시민**으로, 성숙한 **인간**으로 함양될 수 있도록 안내해야 한다. 지난 세월 인간이 추구해온 보편적 가치들의 해석적 수용과 평가를 통해 학생들 스스로 삶의 의미를 탐색하게 하고 그들 각자가 개인·시민·인간이라는 정체성의 세 차원을 자각할 수 있도록 일깨워야 한다. 예컨대 '나'라는 사람이 어떻게 '개인'으로서 존재하고, '시민'으로서 성장하며, '인간'으로서 의미 있게 살아갈 수 있는지에 대한 성찰의 기회를 갖도록 하는 것이다.

돈, 소유, 소비가 당연히 행복의 열쇠라고 생각하는 세태 속에서 돈의 문제에 포획되어 인간적 가치를 거부한다면 교양의 가치를 잃어버리는 것이다. 인간은 가치를 발명하고 그 가치를 추구하는 존재임에 틀림없다. 인간은 자기 삶에 의미를 주고 목적을 부여하기 위해 부단히 가치들을 발명하고 추구해왔다. 역사의 수레바퀴 속에서 인간에게 삶의 의미를 안겨주던 사랑, 우정, 자유, 평등, 정의, 환대에 이르는 일련의 가치들은 오늘날 돈의 지배력 앞에 완전히 백기를 들고 말았다. 인간을 인간답게 만들었던 보편적 가치들이 돈 아래에 무릎을 꿇은 셈이다. 이제 이 가치들을 거론하는 것 자체가 공연한 짓거리로 여겨질 수도 있다. 심지어 대학생들의 가치목록에서도 단연 1위에 오르는 것은 돈이기 때문이다.

돈이 인간성을 제압하는 지금의 트렌드에 맞서 대학 교양교육은 오랜 세월 인간됨을 형성하고 지켜낼 수 있었던 그 가치들을 일깨워야 한다. 이를테면 사랑이 돈으로 사고팔 수 있는 것이 됐다고 해서 사랑의 그 소중한 가치가 포기될 수 없듯이 말이다. 우리 자신이 무엇보다 인간이기 때문에 그 가치들을 완전히 망각한 채 살아갈 수는 없을 것이다. 인간을 인간답게 만드는 가치들의 탐색을 통해 학생들에게 '삶의 한가운데서 인간으로 산다는 것은 어떤 것인지'를 진중하게 고민해보게 해야 한다.

대학생들은 인간 존재 자체와의 '만남'에 주력해야 한다. 의예과 학생과 경제학과 학생이 함께 교양수업을 들어야 하는 이유는 그들이 같은 '인간'으로서 서로 이해하고 소통하는 법을 배우기 위해서다. 교양은 인간과 인간이 서로 이해하고 소통할 수 있는 가장 보편적인 '언어'이며, 그 언어를 습득하는 장소가 교양수업 강의실 현장이다. 문명사적 전환기에 "인간을 지켜나가는 것은 인간에 대한 인간 자신의 첫 번째 책임"이다.[7] 이 책임을 망각하지 않게 하는 것이 대학에 교양교육이 존재하는 첫 번째 이유일 것이다.

학부생들은 지금의 세계에 속하여 살아왔지만 대학생이 되기 이전까지는 관심과 이해가 부족하여 그 세계를 자세히 들여다보지 못했을 것이다. 그들에게 현대 세계가 만들어진 경로와 그 자취를 탐색하게 하는 일도 교양교육이 짊어진 아주 중요한 과제의 하나다. 근현대 세계의 성취와 실패를 이해하는 것은 21세기 현재가 직면한 여러 난제와 도전을 어떻게 풀어나갈 것인지 그 해법을 모색하는 일로 연결된다. 학생들은 지금의 세계를 구성하고 있는 모든 것의 근원이 무엇인지, 지금의 세계가 무엇이 결여되어 있으며, 무엇이 문제인지 살펴봄으로써 자유와 평등, 민주주의와 인권 등 우리가 누려야 할 것, 지켜야 할 것에 대해 통찰할 것이다. 이를 통해 세계 속의 나를 발견하고 세계 속에서 나의 역할에 대한 인식 또한 자리 잡게 될 것이다.

학생들이 평생 대면해야 할 도전이 있다면 그것은 무엇보다 미래에 대한 예측불가능성일 것이다. 인간은 유한성을 넘으려고 무한히 장치를 만들어내지만 불확실성은 인간의 삶에 근본적인 불안을 안긴다. 교양교육의 과제는 학생들이 이 같은 도전에 직면했을 경우 어떻게 대응할 것인지를 생각하게 하는 데 있다. 이러한 도전에 대한 인간의 응전 방식이 '의미'를 만들고, '가치'를 추구하고, '목적'을 부여하게 한다. 인간이 동물과 다른 1퍼센트의 지점이 있다면 그것은 삶의 의미, 가치, 목적에 천착하는 것이 아니겠는가. 의미, 가치, 목적은 인간이라면 아무도 피해 갈 수 없는 본질적인 질문들이기 때문이다.

이세돌과 알파고의 대국 결과는 인류 문명사에서 어떤 의미를 남길까? 인공지능의 승리는 인류 문명이 우연적으로 봉착하게 된 막다른 길이 아니고, 그 문명의 진화 과정에서 필연적으로 당도할 수밖에 없는 국면이다. 그런 의미에서 현대 사회에서의 화폐경제, 도구적 이성주의, 인공지능 이 삼자 간의 '공생관계'에 대해 주목할 필요가 있다. 인간적인 것만이 기계를 이겨낼 수 있는 유일한 해법이라고 가정한다면, 의식·지능·감정의 복합체로서 인간 존재가 이뤄낸 근현대 문명의 궤적을 검토해보는 일은 대단히 중요한 학습 기회가 될 것이다. 교양교육은 인공지능이나 로봇이 결코 습득할 수 없는, 오직 인간만이 체득할 수 있는 고유의 영역을 발견하고 그 영역을 확장해나가야 할 것이다.

21세기 첨단과학기술이 가져올 엄청난 변화와 혁신의 기류에 맹목적으로 이끌려가기보다는 그 변화와 혁신을 '의식적으로' 주도하는 방향으로 학생들을 안내해야 한다. 인간에게 그와 같은 주체의 힘을 키워준 것이 근대문명이고, 그 문명을 일으켜 세우고 지탱했던 주춧돌에 해당하는 것이 과학에서부터 경제에 이르는 일련의 혁명들이다. 그 혁명들의 근저에 자리 잡고 있는 것이 의식, 지능, 감정 복합체로서의 인간이다. 대학의 교양교육은 학생들에게 자유와 평등, 민주주의와 휴머니즘, 법치와 인권 등 근대문명이 이뤄낸 성취와 그 성취의 경로를 학습하게 함으로써 급진적 변화의 한복판에서 주도적 위치를 모색하게 할 것이다.

가르치는 것의 내용만이 아니라 어떻게 가르칠 것인가도 중요하다. 지금의 젊은 세대에게는 무엇보다 텍스트를 제대로 읽는 훈련이 필요하다. 글의 문맥을 이해하고 요지를 파악하는, 정확한 읽기를 연습해야 한다. 그 다음으로는 그들이 읽은 것을 자신의 말로 요약하고 정리할 수 있어야 할 것이다. 젊은 세대가 책 읽기를 멀리하는 것은 디지털 영상매체가 주도하는 오늘의 현실과도 밀접한 연관이 있다.

시각적 정보는 문자·언어적인 매개 없이 인간의 감각으로 곧바로 진입한다. 영상이 제시하는 시각적 이미지는 뇌가 직접 수용할 수 있지만, 문자언어의 경우에는 이미지와 달리 상상력과 사고력을 가동하여 스스로 형상과 의미를 만들어가야 한다. 이런 '느림의 과정'에서 문자언어의 사고 형성력을 확인할 수 있다. 영상기호와 이미지들은 눈에 보이는 것밖에 보여주지 않는다. 하지만 문자언어는 정신세계의 문을 여는 열쇠를 제공함으로써 상상력과 사고력의 범위를 확대시킨다. 영상매체가 자극하는 감각의 세계에 깊이 빠져들수록 정신의 운용은 퇴보할 수밖에 없다. 책이란 "우리 자신의 마음 깊은 곳에 있으면서 스스로의 힘으로는 들어가지 못했던 집의 문을 열어주는" 마법의 열쇠와도 같은 것이다.[8] 책은 생각이 시작되는 '자리'인 셈이다.

교양수업의 강의실에는 '질문'이 있어야 한다. 학부생들이 1학년 과정에서는 질문을 만나 탐색하게 하고 그 이후 4년 내내 그 관심과 호기심을 이어가게 만들어야 한다. 학생들에게 질문하도록 권장하고 그 질문에 대해 학생들과 교수자가 함께 답을 찾아가야 한다. 교수자는 질문을 통해 학생들의 호기심을 자극하는 동시에 생각해볼 거리도 던져야 한다. 질문으로 학생들에게 자극이 가해지고 그들 스스로 질문을 창안할 수 있도록 안내해야 한다. 끊임없이 질문이 이루어지고 그에 대해 스스로 응답하는 학습과정을 통해 학생들은 선택의 능력, 판단력, 결정의 힘을 키울 수 있을 것이다.

2

인공지능,
정신이 아닌 물질의 승리

/

지금의 문명은 인류가 지상에서 살아오면서 상상했던 수많은 것들을 구현해냈다. 문명의 진보는 인간 삶에 획기적인 변화를 가져왔지만 그 변화에 수반된 문제들도 만만치 않다. 기후변화, 팬데믹, 환경파괴, 테크놀로지의 지배, 물질만능주의, 양극화 등은 그런 문제의 대명사들이다. 이 문제들은 현대 세계와 마주하고 있으며 인류의 미래를 어둡게 할 수도 있다.

현존 문명이 지금 어떤 난제와 도전에 직면해 있는가를 제대로 인식하는 것은 그 문제들의 해법을 모색하는 일로 연결될 것이다. 그와 같은 인식은 물고기 한 마리가 강물 위로 뛰어올라 그 흐름을 내려다보는 경험과 유사하다. 당연히 그 물고기는 물속으로 다시 내려와 흐름에 편승해서 살아갈 수밖에 없다. 하지만 그 물고기는, 강물 바깥으로 솟구쳐 올라 물의 흐름 전체를 조망해보겠다는 생각을 단 한 번도 하지 않고 그저 안주한 채 살아가는 여타 물고기와는 분명 다를 것이다. 인류 공동체를 위해 인간이 할 수 있는 일은 무엇이며 지구사회 전체가 해결해나가야 할 과제는 어떤 것인지 궁리해야 할 때다.

과학기술technology은 인간에게 무엇인가? 오늘날 과학기술은 생태환경의 자리를 점유하고 있다. 근대 이후 자연의 힘에서 인간을 벗어나게 했던 과학기술이 자연을 밀어내고 새로운 생태환경으로 자리 잡았다. 과학기술이 생태환경이라는 것은 과학기술에 대한 인간 삶의 의존도가 그만큼 높다는 것을 의미한다. 자연의 지배에서 인간을 해방시켜준 과학기술이 역으로 엄청난 지배력을 행사하고 있는 것이다.

아주 먼 옛날부터 무한과 유한은 신과 인간의 차이를 결정짓는 근거로 여겨졌다. 인류에게 전해진 가장 오래된 이야기, 고대 수메르의 서사시 《길가메시》가 다루는 주제도 바로 이것이다. 우루크의 왕 길가메시는 어느 날 자신의 소중한 친구 엔키두의 죽음을 목격하고서 끔직한 공포에 사로잡힌다. 어떻게든 영생불사의 해법을 찾아야 했던 길가메시는 세상의 끝자락까지 여행을 한다. 그 기나긴 역경의 여정이 결국 실패로 종료되면서 길가메시는 마침내 깨닫는다. 인간에게 유한성은 필연적으로 주어져 있는 것이며, 인간은 그 숙명을 껴안고 사는 법을 배워야 한다는 것을.

인간을 압도하는 자연의 힘이 안겨준 '유한'이라는 근원적 제약은 인간에게 '무한'을 추구하는 욕망을 자극한다. 인간의 무한 욕망과 과학기술의 무한 진보는 일맥상통한다. 인간이 과학기술의 힘으로 자연의 제약을 넘어설 수 있다면 '유한에서 무한으로'는 지금까지의 과학기술의 발전 경로와 그 지향점을 요약해준다. 그런데 문제는 '유한성이 완전히 극복된 단계에서도 인간은 여전히 인간다울 수 있는가'라는 질문이다. 기술공학적 유토피아가 모든 결함과 고통으로부터의 자유를 약속한다면 그 자유의 의미는 무엇인가? 과학기술이 극복하고자 시도하는 자연적 한계와 제약들, 요컨대 유한성의 표식들은 오히려 인간다움의 조건이자 인간의 자유에 진정성을 부여해주지 않는가?

인간 존재의 유한성을 바라보는 두 가지 서로 다른 관점이 존재한다. 이는 인문학적 사고와 기술공학적 태도다. 인문학은 고통 내지 결함의 제거가 인간에게 행복을 보장해준다고 여기지 않는다. 오히려 고통과 결함은 인간다움의 조건이자 자유에 진정성을 얹어준다고 생각한다. 그렇기에 인문학은 서사행위storytelling와 예술 창작을 '실존적 수행'으로 이해한다. 실존적 수행이란 죽을 수밖에 없는 인간이 자신의 유한성을 끊임없이 유예하는 행위를 말한다. 무한을 향한 욕망을 만족시킬 수 있는 것은 서사와 예술작품밖에 없으며, 이들이야말로 진정한 영속성을 담보한다는 것이다.

그에 반해 기술공학적 태도는 생명과학과 유전공학 분야에서 확인되듯이, 고통과 결함을 제거함으로써 유한성 추방을 확신한다. 인간은 수백만 년에 걸친 생존, 번식, 적응의 자연선택 과정을 겪으며 생물학적으로 진화해왔다. 인간을 '진화적으로' 이해하는 것이 매우 중요한 시대에 우리는 살고 있다. 수만 년에서 수백만 년이라는 장구한 진화의 과정 속에 인간을 자리매김하는 자세가 지금 요구되고 있는 것이다. 그런데 과학기술의 엄청난 힘은 인간으로 하여금 자신의 생물학적 운명을 바꾸고 스스로 자기 진화를 관리하는 최초의 생명체로 둔갑시킨다. '기술적 진화'가 '자연적 진화'를 대체한다. 과학기술이 이런 전대미문의 가능성을 열어놓고 있지만 그 가능성 자체를 어떻게 관리할 것인지에 대한 인간의 지혜는 아직도 초라하다. 이 정신적 한계를 고려하면 최첨단 기술혁명 시대 한가운데서도 인간은 여전히 유한한 존재임이 분명하다.

유발 하라리는 근대성을 일종의 '계약'으로 파악했다. 하라리는 그 계약의 두 번째 의미, 즉 과학과 휴머니즘 간의 계약에 주목한다. 근대에 이르러 과학과 휴머니즘 사이에 모종의 계약이 체결되었으며 인간은 휴머니즘을 실행하기 위해 과학을 이용해왔다는 것이다. 하지만 21세기에 와서 과학과 휴머니즘 간의 계약은 깨지고 어떤 새로운 종류의 계약이 그것을 대신할 것이라고 하라리는 주장한다.[9]

하라리는 '미래의 역사'를 기술하면서 20세기라는 이념들의 전쟁터에서 최종적으로 승리한 '자유주의 인본주의'가 21세기에는 '기술 인본주의'에 승자의 지위를 넘겨줄 수 있다는 가능성을 예견한다.[10] 기술 인본주의는 20세기 초에 득세했던 '진화론적 인본주의'의 최신 변종으로서 자유주의 인본주의와는 명확히 다른 것이다. 예컨대 자유주의적 인본주의가 모든 인간의 질병을 치유하기 위해 의료과학을 발전시켰다면, 기술 인본주의는 '충분히 건강한 사람을 더 건강하게 만드는 것'을 그 목표로 설정한다.[11] 그런데 이런 업그레이드의 기회는 다수가 아닌 소수가 독점하게 되고, 그 소수만이 '신적 인간', 즉 '호모 데우스Homo Deus'의 지위를 누리게 된다.

현재의 시장경제시스템에서 기술의 주도권은 자본을 가진 이들이 장악하고 있다. 기술 인본주의는 인간이 아니라 자본이 그 주인이라고 해도 과장된 말이 아니다. 기술 인본주의가 인간 수명을 연장하고 유한성을 극복하려 한다면 그것은 어떤 의미를 가질 수 있을까? 인간이 자신의 유한성을 기술적으로 제어하고 죽음에서 자유로워진다고 해서 더 인간다운 삶을 사는 것은 아닐 것이다. 인간 존재는 지금까지 자신의 유한성이라는 근본적 한계 안에서 의미를 발견하고 가치를 추구해왔다. 만약 이런 유한성이 제거된다면 의미와 가치를 지향하는 의지 자체가 돌이킬 수 없이 약화될 것이고, 결국 인간은 인공지능과 다를 바 없게 되지 않을까?

배터리만 채워지면 무한정 살아가는 인공지능에게서 삶의 의미를 기대할 수 없듯이, 인간이 기술적으로 옮겨진 영속성은 자신에게 그 어떤 의미도 가치도 제공해줄 수 없을 것이다. 과학은 오류수정의 정신에 입각해서 진보를 약속한다. 이 오류수정은 단순히 로봇과 인공지능의 부품오류 문제에만 그쳐서는 안 될 것이다. 인간의 사고에 발생하는 '오류'에 대한 깊은 통찰이 필요한 시점이다.

게오르그 짐멜은 '화폐경제'와 '도구적 이성주의'의 깊은 연관성에 대해 일찍이 주목했다. 둘 다 모든 것을 계산하고 수량화하여 객관화시킨다는 공통점을 지닌다. 도구적 이성은 개별적인 모든 것에 냉담하다. 화폐는 모든 것에 공통적인 교환가치만을 중시한다.[12] 이렇게 화폐와 도구적 이성은 개별적 차이를 배제하고 객관성을 담보해나간다. 이와 같은 논의를 이세돌과 알파고의 대국에서 드러난 '지능과 의식의 분리' 문제와 연결지어보자. 이세돌과 알파고의 경쟁에서 알파고는 오로지 '의식'이 없는 '지능'의 상태로 존재했다. 지능, 의식, 감정 이 세 가지를 모두 갖춘 인간의 능력 가운데 지능만을 채택해서 만들어진 인공지능(알파고) 역시 객관화된 수치와 데이터에 의해서만 판단하고 결정한다. 그런 점에서 인공지능은 화폐와 도구적 이성주의, 이 둘과 아주 유사하다.

지금까지의 추세로 판단하건대 가까운 미래의 사회경제시스템은 '인간' 대신 '인공지능'을 선택할 것으로 보인다. 유용성과 효율성의 관점에서 '지능'은 반드시 필요하지만 '의식'은 선택 사항이 될 수도 있다. 미래는 '인간이 살아가는 데 인간을 필요로 하지 않는 사회'로 나아갈 수도 있을 것이다. 그렇다면 의식을 가진 인간은 무엇을 할 것인가? 아렌트가 지적했듯이, 의식이 존재(생존본능) 안에 갇혀 있을 때 출현한 것이 나치즘 같은 전체주의였다.

어떻게 보면 인공지능은 나치 전범 아돌프 아이히만의 미래형이 아닐까? 아이히만과 인공지능 간의 공통점이 존재한다면 그것은 둘 다 시키는 것을 그대로 수행한다는 사실이다. 예루살렘의 법정에 선 아이히만이 자신의 역할에 주어진 책임을 완수하기 위해 최선을 다 했을 뿐이며 이것이 자신이 범했던 유일한 죄라고 발언했을 때, 그 장면을 지켜보던 전 세계가 경악했다. 객관화된 수치와 데이터를 통해서만 판단하고 결정하는 인공지능이 '미래형 아이히만'으로 등장한다면, 앞으로 인간의 의식이 **지능** 안에 갇히게 되는 국면이 도래한다면, 과연 어떻게 될까? 예측해 볼 수 있는 사태 한 가지로, 완전히 새로운 형태의 전체주의가 등장할 수도 있다. 화폐, 도구적 이성, 인공지능 이 삼자 간의 공생관계에서 모든 것이 "교환 가능하고, 동질이고, 등가인 하나의 세계"가 창조되는 것이다.[13]

인공지능의 지배는 물질에 대한 정신의 승리를 의미하지 않는다. '정신의 물질화'라는 점에서 오히려 '물질의 압승'이라고 봐야 할 것이다. 인간의 고유성이 기술의 지배 아래에서 정의되는 초유의 사태를 막기 위해서는 쉼 없이 생각이 흐르는 장소로서의 인간의식을 바탕으로 기술혁명이 가져올 변화와 도전에 대한 진지한 대응이 요청된다. 우리가 시장의 힘에 미래를 맡긴다면 그것은 인류나 세계보다 '시장'에 유익한 일을 할 것이다. 시장의 손아귀에 넘어간 세상 속에서 인공지능의 위험성에 직면한다면 "우리는 아무것도 할 수 없을 것이다".[14]

3
과학기술,
파괴의 기계인가 공생의 도구인가

/

독일 철학자 마르틴 하이데거^{Martin Heidegger}는 근대에 와서야 비로소 세계가 '그림'으로 재현될 수 있었다고 주장한다. 근대 이전의 세계는 그림으로 그려질 수 없었으며, 전근대의 서구인들은 재현 불가능한 세계 속에 그저 안주해 있었다는 것이다. 그렇다면 근대인들은 세계를 어떻게 그림으로 그려낼 수 있었을까? 하이데거는 이성의 힘에 기댄 과학적 탐구에서 얻어진 '지식'이 재현의 수단이었다고 말한다.

근대 이전만 해도 인간은 '세계 내의 존재'였지만 근대에 이르자 세계를 대상화할 수 있는 지식 수단을 습득하고 스스로를 재현의 주체로 자리매김하게 되었다. 그러나 재현의 프레임은 역설적으로 인간으로 하여금 자신이 그려놓은 그림 속에 갇히는 신세가 되게끔 만들었다. 그림은 기술문명이 진보해갈수록 거대하고 불가역적인 구속의 장치로 변모해갔으며 거기에 편승할수록 인간은 인위적인 공간에서 헤어나지 못하고 만다. 게다가 기술문명이 인류 자체를 여지없이 괴멸시킬 수 있는 폭력성도 내포하고 있다는 점은 20세기 역사에서 선명하게 목격될 수 있었다.

우리는 이제 현실을 장악하고 있는 기술문명의 굴레를 해체할 수도, 탈피할 수도 없다. 과학기술의 긍정적인 면과 부정적인 면, 양쪽 모두가 일상적 삶의 근간이 되었기 때문이다. 이런 상황에서 우리에게 안겨진 과제가 있다면 그것은 '과학기술과 더불어 살아가는 지혜'를 터득하는 것일 게다. 리들리 스콧Ridley Scott 감독의 1982년 작품 〈블레이드 러너Blade Runner〉는 그 지혜를 습득하는 길로 우리를 안내한다.

최첨단 기술문명의 발전을 이뤄낸 미래사회에서의 인간은 우주 혹성 개발에 투입될 노동력을 확보하기 위해 '레플리컨트replicant'로 불리는 복제인간을 창조해낸다. 전근대의 신이 차지했던 지위를 마침내 인간이 장악하고 창조주로서의 위업을 대신 떠맡은 것이다. 신이 전능하고 완벽한 존재라면 인간은 불완전한 존재이기 때문에 창조주와 피조물 간의 갈등과 불화는 예견된 것과 마찬가지였다. 영화 속에서 미래사회의 모습은 인간다운 감정의 공간을 철저하게 배격하고 있는 것처럼 묘사된다.

'인간보다 더 인간다운'이라는 화려한 구호 아래 제작된 복제인간들은 진짜 인간들보다 더 강한 신체조건과 더 뛰어난 지적 능력에다가 감정의 경력까지 지닌다. 그렇지만 창조주 인간에게 있어 그들은 단지 목적합리성의 범주 내에서 인식되어진 도구적 존재일 뿐이다. 감정의 경력이 초래할 수 있는 불상사의 예방책으로 창조주가 자신의 피조물에게 4년의 제한수명을 안겨주자 복제품들은 그 한계상황을 돌파하기 위해 인간의 룰rule에 도전한다.

외계로부터 지구로 잠입한 피조물이 주인의 질서를 파괴하자 특수수사대 '블레이드 러너'는 쓸모없게 된 전자제품을 폐기처분하듯이 복제품들을 하나, 둘 차례로 제거해나간다. 영화에서의 사건 전개는 여기서부터 시작된다. 영화 전반부에 등장인물들의 갈등은 '인간 대 비인간'이라는 대립구도로 이어진다. 하지만 후반부로 갈수록 이런 구도는 서서히 해체되고 진짜와 가짜의 구분 자체가 모호해진다. 이 모호성과 함께 '인간이란 과연 무엇인가'라는 근본적인 물음이 던져진다.

질문에 앞서 인간과 비인간의 경계 허물기가 이중적으로 제시된다. 먼저 가짜도 진짜와 동일한 신체구조와 감정, 사유능력을 보유한다는 점이 부각된다. 아울러 '인간의 비인간적인 면모'와 대비되는 '비인간의 인간적인 모습'이 그려진다. 이로써 초반에 설정되었던 대립구도는 사라지고, 복제품들은 극한 상황을 겪으며 인간다움을 스스로 체득해나가는 자신들의 존재감을 드러낸다.

영화에서 복제인간은 자신의 처지에 대한 창조자의 이해와 책임이 수반되지 않을 때 여지없이 파괴적일 수 있었다. 실제 현실에서의 과학기술도 사용자의 세심한 관심, 배려, 책임이 동반되지 않을 경우 그 자체의 양면성으로 말미암아 인간 삶 자체를 말살하는 폭력기재로 돌변할 수 있다. 최첨단 피조물의 잠재적 힘을 관리하고 제어할 수 있는 창조자의 역량이 미진할 경우, 그 피조물은 주인의 존재조차도 무참히 짓밟을 수 있는 가능성을 항상 보유한다. 인간의 기술적 창조능력과 도덕적 성숙함의 정도는 서로 별개의 문제이기 때문이다.

이미 19세기 초엽에 영국의 여성 작가 메리 셸리Mary Shelley는 소설《프랑켄슈타인: 또는 모던 프로메테우스》(1818)에서 과학기술이 가져올 수 있는 폭력 사태의 극적인 예시를 보여줬다. 생명의 비밀에 관한 연구에 열정적으로 집착해온 과학자 빅터 프랑켄슈타인Viktor Frankenstein은 자연적인 것이 아닌 인공적인 방법으로 생명을 창조해낸다. 자신의 피조물이 드러낸 흉측스러운 외형에 강한 혐오감을 느낀 프랑켄슈타인은 창조자의 배려와 책임을 저버린 채 그 피조물을 외면한다. 창조주가 자신의 존재를 인정하지 않고 소외시키자 피조물은 주인의 무책임한 행위를 저주하며 그가 소중히 품어왔던 모든 것을 앗아가 버린다. 결국 프랑켄슈타인은 자신이 창조한 괴물을 직접 없애기로 결단하고 북극까지 추적해가지만 허망한 죽음을 맞게 된다.

과학의 인위적인 수단과 방법이 동원된 '만들어진 생명체'에 대한 배려와 책임이 결여될 경우 전개되는 비극을 메리 셸리는 소설 속에서 극명하게 보여준다. 이 작품의 진의는 근현대의 과학지 상주의와 산업자본주의에 대한 통렬한 비판이다. 도덕적 성숙함이 동반되지 않은 과학지상주의의 오만함과 이와 결탁한 산업자본주의의 무분별함이 인간의 자멸을 초래할 수 있다고 셸리는 엄중하게 경고하고 있는 셈이다.

우리 주변에도 프랑켄슈타인이 만들어낸 '괴물' 같은 존재들이 헤아릴 수 없이 많이 도사리고 있다. 다양한 전자제품에서 자동차에 이르기까지 이 모든 것은 인간 생활을 편리하고 안락하게 해주는 수단이지만 인간의 배려와 책임이 수반되지 않을 때 언제든지 파괴도구로 둔갑할 수 있다. 편리한 교통수단인 자동차가 잠재적으로 갖는 살상기재의 폭력성은 아무도 부정할 수 없다. 우리가 왜 교통질서를 준수해야 하는지 근본적으로 생각해봐야 하는 이유가 바로 여기에 있다. 교통질서를 지킨다는 것은 '과학기술과의 바람직한 관계정립' 문제와 직결되기 때문이다.

4
이미지,
민낯을 가리는 전시의 세상

/

인류의 과거를 되돌아봤을 때 오늘날처럼 이렇게 이미지와 가상이 지배하는 시대가 일찍이 존재한 적은 없었다. 실재는 소멸하고 이미지와 가상은 증식하는 세상이다. 이런 시대적 특이성을 반영하는 어휘들이 우리 주변을 가득 채운다. 사이버스페이스, 시뮬레이션, 셀카신드롬, 연예인 팬덤, 외모지상주의, 인스타그램, 증강현실 등은 이미지와 가상의 세계를 장식하는 대표적인 수식어들이다. 그런데 이들이 말해주는 것은 현대가 '진짜' 부재의 시대라는 것 아닌가? 사이버공간이란 곳이 "가면 뒤에 '진짜' 사람이 존재하지 않는, 가면들이 흘러넘치는 세계"이듯이 말이다.[15]

요즈음 사람들은 '이미지가 되라는 강압'에 시달리고 있다. 모든 것은 눈에 보이는 한에서만 의미와 가치를 얻는다.[16] 가시적인 것의 유희와 교란에 혼미해지면서도 사람들은 '전시가치'를 쫓아간다. 그렇게 함으로써 그들 각자는 자신의 존재감을 과시한다. 셀카신드롬에도 이미지와 겉모습의 전시가치를 향한 갈망이 반영되어 있다. 과도한 가시성은 존재하는 것의 고유한 모습을 폐기시킨다. '실재'는 전시의 안개 속으로 사라진다. '전시가치의 절대화'는 '가시성의 폭정'으로 이어진다.[17] 모든 것을 상품으로 둔갑시키는 시장자본주의 시스템이 설정한 것이 '전시가치의 극대화'라는 점에 주목하자. 자본주의 시장경제는 모든 것을 전시의 강제 아래 복속시킨다. 전시적 연출만이 시장가치를 생성하기 때문이다.

'교양'이라는 단어는 독일어 'Bildung'의 번역어다. Bildung에는 '스스로를 일궈서 자신을 길러낸다'는 의미가 담겨 있다. 도쿄대학교 교양학부가 펴낸 《교양이란 무엇인가》를 들여다보면 교양은 이익의 추구를 위해서가 아니라 "단지 순수하게 자신의 존재의 깊이를 가꾸기 위해서 계속 배워야만" 하는 것이라고 나와 있다. 요컨대 교양은 "자기 자신을 소중히 하는 하나의 방법"이다.[18]

교양은 자신을 잘 가꾸어 나가겠다는 '의지'에서 시작되는 것이고, 그 의지는 '자유'와 분리되지 않는다. 자유가 없다면 교양도 필요 없다. 교양이란 개념이 생겨난 것은 전근대의 전통 사회가 해체되고 개인이 자유롭게 사는 것이 허용되면서부터다.[19] 그렇다면 **교양**과 **개인주의**는 동전 양면의 관계에 있다. 교양은 "인간이 자유롭게 사고할 수 있는 존재라는 사실"을 각자 나름의 방식대로 받아들이게 하는 것, 그리고 그 자유를 어떻게 표현하고 행사해야 하는지 자각할 수 있게 하는 것이다.[20] 이런 점에서 교양은 '개인이 자기 자신을 견지하는 내면적 역량'을 뜻하기도 한다.

교양의 개념에는 '깊은 사고를 이끌어내는 지적 체력'이라는 의미도 포함된다. 교양은 일상적 사고와 다르게 '근본적으로 사유할 수 있는' 내면의 힘을 가리킨다. 이와 같은 사색의 힘은 가시적인 것에 가려져 있는 실재에 집중한다. 가시적인 현상과 비가시적인 실재를 구분하고 그 실재에 천착하는 생각의 깊이가 교양인 셈이다.

교양이 추구하는 사색적 깊이의 연원은 실재에 대한 깨달음과 체험을 강조했던 고대 문헌 《우파니샤드》에서 발견된다. "(아버지가 아들에게 말했다.) / 저 보리수나무에서 열매 하나를 따와 보아라. / 여기 따왔습니다. / 그것을 쪼개라. / 예, 쪼개겠습니다. / 그 안에 무엇이 보이느냐? / 씨들이 있습니다. / 그중 하나를 쪼개보아라. / 쪼개겠습니다. / 그 안에 무엇이 보이느냐? / **아무것도 보이지 않습니다.** / (그는 아들에게 계속해서 말했다.) / 총명한 아들아, 네가 볼 수 없는 이 미세한 것. / 그 미세함으로 이루어진 이 큰 나무가 서 있는 것을 보아라. / **보이지 않는 것이지만 그것이 있음을 믿어라.**"[21]

형이상학의 오랜 전통은 이미지의 세계를 부정했다. 눈에 보이는 것보다 보이지 않는 것의 탐구에 열중한 것이 형이상학이다. 플라톤이 이미지 세계의 적대자였다는 사실은 잘 알려져 있다. 그에게는 가시성 저편에 존재하는 비가시성의 영역이 '진짜' 세계였던 것이다. 교양이 실재에 집중하는 지적 체력이라 한다면, 이는 인간 삶의 다양하고 개별적인 현상 배후에 숨어 있는 어떤 형이상학적 근원을 밝히자는 것이 아니다. 실재에 대한 탐색은 이미지와 허상이 장악한 지금의 세계에 대한 '반작용'이자 당위적 요청이다. 실재를 감추는 겉모습의 유희와 교란은 인간관계의 깊이를 배격하고 우리를 가벼움과 얕음으로 내몰 수밖에 없다. 교양은 이 같은 현실을 갱신하고자 하는 과제를 스스로에게 부여할 뿐이다.

철학자 슬라보예 지젝Slavoj Zizek은 현 시대에 발생하는 테러의 근원을 '실재the real의 열망'에서 찾았다. 기만적인 현실의 범주들에서 벗어나려는 갈망으로 인해 사람들은 극단적인 폭력을 통해 실재를 체험한다.[22] 일본 영화감독 오시마 나기사大島渚의 〈감각의 제국〉이 재현하는 교살과 성애의 충격적 혼용, 생체해부학적 정밀도의 포르노그래피 등, 이 모든 외설적이고 폭력적인 장면들은 가상현실을 살아가는 인간 안에 억제된 '실재 충동'에서 기인한다고 지젝은 주장한다. 가상현실이 제공하는 '현실'은 "실체가 제거된 현실"이자 "실재의 핵심적 저항이 죽어버린 현실"이라는 것이다.[23]

하지만 가상에 대한 엽기적인 저항이 실재의 열망에 준거할지라도, 가혹한 폭력이 어떤 진정성의 징표로 비추어지더라도, 이는 결코 용인되어서는 안 될 것이다. 그러한 충동은 개별성의 한계 안에서 파괴적인 위반의 행위로 종결되기 때문이다. 교양은 개별성을 보편성의 그릇 안에 자연스럽게 담아내는 것을 추구한다. 많은 사람들이 모든 심오함을 저버리고 오직 눈에 보이는 것만을 맹목적으로 추종하는 오늘날 교양의 사색적 힘 자체는 '**깊이**를 만들어내는 문화적 기술'로 작용할 수 있다.[24] 화려하게 반짝이는 표면은 '해석학적 깊이'를 거부하기 마련이다.

5
거창한 표현들,
삶을 지배하는 언어의 난무

/

현대 세계에서 과학기술과 시장경제가 확고한 위치를 차지하면
할수록 철학은 더욱 불필요해진다는 견해가 언제부터인가 한국
사회에서 설득력을 얻고 있다. 철학과 현실의 그러한 부조화는 인
문학의 위기라는 동시대적 현상과 맞물리면서 삶에 있어서 철학
의 당위성을 뿌리째 뒤흔든다. 과연 철학은 이제는 더 이상 쓸모
없는 것이 되어버렸고 인문학은 시대감각에 뒤떨어진 퇴행의 학
문으로 판정받을 수밖에 없는가? 과학기술과 경제가 인간과 그의
삶이 필요로 하는 모든 것을 공급할 수 있을까?

　인간이 사유를 한다는 것은 캥거루가 들판에서 뛰어 놀고 원숭
이가 숲속에서 나무를 타는 것처럼 자연스러운 일이다. 사유하는

것이 인간다움의 조건인 만큼 '철학이 왜 필요하지?'라는 물음은 '밥은 왜 먹지?'라는 질문과 마찬가지로 터무니없다. 철학의 당위성을 부정하는 것은 '탈인간화'를 초래할 뿐이며, 인문적 가치가 소멸된 국면에서의 과학기술적 성취와 물질적 풍요는 공허함을 가져올 뿐이다.

과학기술과 시장경제는 인간의 삶을 안락하고 풍요롭게 만들 수는 있지만 '인간다움'을 가르치지는 않는다. 하이데거의 표현을 빌리자면, 기술과 경제는 '사고'하지 않는다. 인간다움을 가르치는 것, 인간을 '인간답게' 하는 것은 인문학의 몫이며 철학은 인문학의 모체다. '인간다움'을 가르치기 때문에 철학은 과학기술과 경제가 무엇을 할 수 있고 무엇을 할 수 없는지를, 기술과 경제의 유용성과 그 한계를 묻는다. 이러한 물음을 철학자들은 '비판'이라고 불렀으며, 비판은 인간다움의 제고를 위해 반드시 필요한 조건이다.

거창한 표현들이 우리 사회를 온통 휩쓸고 있다. 4차 산업혁명에서 빅데이터, 포스트휴먼, 인공지능, 초연결, 뉴노멀에 이르기까지. '정보화'와 '세계화'의 뒤를 이어 새롭게 등장한 화려한 어휘들은 우리 주변을 에워싸고 불투명성의 안개를 짙게 드리운다. 거창한 표현들의 엄습에 노출된 우리의 삶은 비누거품처럼 무작정 부풀어 오른다. 잔뜩 부푼 빈 공간을 꽉 채우는 것은 정치이념, 경제논리, 상업주의, 도구적 합리성 등이다.

한국 사회는 특히 거창한 표현을 좋아한다. 거창한 표현을 선호하는 한국인들의 내면은 부풀리기 욕구로 충만한 것일까? 아니면 거창한 어휘들 속에 응축된 집단적 자기보존 의지를 읽어내야 하는가? 한국현대사는 화려한 수사들로 점철된 역사라 해도 지나친 말이 아니다. 정치 혹은 경제 세력들이 끊임없이 거창한 구호들을 조성하고 유포시켰기 때문이다. 해방 이후 70여 년의 세월에 걸쳐 정치적·경제적 목적 달성을 위해 범국민적 차원의 총체적 수행을 종용하는 선동적 표현들이 난무했다. 그렇기에 내면적 성찰과 성숙의 가능성은 근본적으로 삭제될 수밖에 없었다.

거창한 표현들의 역사를 단연 으뜸으로 장식한 것은 '유신'으로 대표되는 군사정권의 정치논리와 지배이념이 각인된 장엄한 어휘들이다. 지난 세기말의 시점에서는 그 분위기 탓인지 거창한 표현들의 역사가 그 정점에 다다른 것처럼 보였다. 정치, 경제, 교육, 언론 할 것 없이 사회의 모든 영역이 제각기 나름대로 화려하고 선동적인 신조어들을 쏟아내었던 것이다. 거창한 표현을 선호하는 전통은 이른바 '민주화'된 정부에서도 아무런 여과 없이 그대로 계승되었다. 세계화, 정보화, 신지식인, 경제 살리기와 같은 요란한 외침들은 양극화와 도덕적 부패의 현실에 부딪혀 공허한 울림으로 되돌아 왔다. 그렇게 양산된 어휘들의 의미 체계 속으로 허망하게 편입되고 함몰된 것은 개인의 소중한 삶 그 자체였다.

현대철학의 업적이라면 무엇보다 '언어의 힘'에 대한 새로운 인식의 획득이다. 철학자들은 이러한 인식의 획기적인 변화를 '언어학적 전환Linguistic Turn'이라 일컬었다. 현대철학에서 언어는 단순히 대상을 지시하거나 현실을 표현하는 수단에 그치지 않는다. 언어는 대상과 현실 자체를 구성해내는 강력한 힘을 보유한 것으로 파악된다.

인간의 내면 및 주변 세계에 대한 인식과 이해는 언어에 의해 매개된다. 매개됨은 인간의 사고와 감정 작용이 언어에 의해 가능하다는 것을 의미한다. 이를테면 '사랑'이란 개념 없이는 우리가 느끼는 어떤 감정에 의미를 부여하거나 그 감정의 상태를 이해할 수 없을 것이다. 마찬가지로 '나무'라는 표현은 그렇게 지칭되는 특정한 대상에 대한 인식을 정초하는 것이다. 구상具象 시인의 표현을 빌려 말하자면, '생각'은 '말'로써 풀어지기 때문에 생각과 말은 별개의 것이 아니다. 그래서 '언어는 존재의 집'이다.[25]

인간이 처한 현실을 구성해내는 언어의 힘이 결코 간과되어서는 안 된다. 미셸 푸코Michel Foucault는 언어가 권력의 기재로 작용할 수 있는 잠재적 가능성까지 간파했다. 푸코에 따르면 언어는 대상을 지시할 뿐만 아니라 그 본질까지도 규정해버리는 가공할 힘을 지니고 있다. 특히 사회 여러 분야 전문가들의 언어행위(담론discourse)가 평범한 사람들의 일상에 깊숙이 침투하여 현실을 지배함으로써 그들의 삶이 권력 체제로 편입되어 통제되기 쉽게 한다.

일상의 삶에 작용하는 언어의 가공스러운 힘을 조금이라도 염두에 둔다면 거창한 어휘들을 생산하는 일은 아주 신중해야 할 것이다. 한국현대사에 등장했던 거창한 표현들은 한국인의 가치관을 구성해내는 막강한 위력을 지닌 것들이었다. 이런 거창한 어휘들은 인간을 소중히 여기는 인문적 가치를 배격하고 도구적 합리성이 활개 치게 만드는 얕디얕은 실용주의와 기능주의를 지속적으로 증폭시켰다.

거창한 표현들이 횡행하는 작금의 현실에 대한 불만과 미래를 향한 불안은 갈수록 짙어져만 간다. 존재의 망각이 정점에 이른 시기에 존재에 대한 사유가 가장 절실하게 요청되듯이, 인간성 퇴락의 국면에서 인문적 가치의 소중함은 더해지기 마련이다. 과학기술과 경제의 무분별한 논리가 지배하는 시대 한가운데서 철학의 역할은 더욱 긴요해질 것이다. 철학은 인문적 가치 상실의 시대를 살아가는 우리로 하여금 미몽에서 깨어나게 하는 '각성의 힘'이기 때문이다. 철학이 부재한 곳에는 거창한 표현들의 공허한 울림만이 반복될 뿐이다.

6
트렌드,
개인의 창의성을 가로막는 허상

/

어떤 사물, 어떤 사태에 의미와 가치를 부여할 수 있다면 그것은 우리가 언어를 사용하기 때문이다. 그렇기에 우리는 언어를 매개로 대상의 외재적 측면은 물론 내재적 진상까지도 헤아리고 평가할 수 있다.

주변에서 이런 말을 자주 듣게 된다. "이건 요즘 트렌드에 맞지 않아." 이 말은 마치 '트렌드'가 모든 것을 재단할 수 있는 절대적인 기준 내지 근거라는 뜻으로 들린다. 트렌드란 도대체 무엇인가? 트렌드는 어떻게 생겨나는가? 트렌드의 배후에서 작용하는 어떤 외부적 힘은 없는가? 이런 질문들을 머릿속에 떠올려 보고 미처 던져볼 겨를도 없이 우리는 트렌드를 쫓아가기에 정신없다.

트렌드는 '시대정신'에 가까운가, 아니면 '시대감각'에 더 근접한 표현인가? 이 질문에 대한 답을 얻기 전에 먼저 정신과 감각이라는 개념 쌍을 가지고 우리가 사는 세상의 면면을 들여다보자. 정신과 감각 둘 중 지금 압도적으로 우세한 것은 감각의 영역임에 틀림없다. 왜 그럴까? 우리 시대의 특징은 정신이 궁핍하기 그지 없는 형국에서 발견되기 때문이다.

오죽했으면 '영끌'이라는 신조어가 공영방송에서도 버젓이 사용되는 수준의 유행어가 되었을까? '영끌'은 '영혼까지 끌어오다'의 줄임말이다. 우리 사회에서는 아무도 이 표현의 기괴함을 지적하지 않는다. 영혼이나 정신은 본래 우리 안에 존재하는 것인데 도대체 어디에 두고 살고 있기에 '영끌'이라는 말이 생겨났을까?

예전부터 우리는 다음과 같은 말은 종종 들어왔다. "정신없이 바쁘다." "정신없이 살고 있다." 과거나 현재나 한국 사람들은 한결같이 정신과 영혼을 멀찌감치 두고 살고 있다는 것은 분명해 보인다. 그런데 인간이 자신의 정신 내지는 영혼과 분리된 채 살아간다는 것이 가능하기나 한 것인가. 소크라테스가 일찍이 주장했듯이, 영혼이나 정신은 인간의 인간다움을 지탱하는 본질적인 부분에 해당한다. 이런 본질적인 영역을 따로 떼어놓고 산다는 것은 곧 인간다움을 포기하고 산다는 뜻이 아닌가?

어쨌든 '영끌'도 새로운 트렌드로 자리 잡아가고 있는 듯하다. '영끌'은 영혼 없이 살다가 인간다움을 되찾기 위해 영혼을 다시 챙기겠다는 뜻이 아니다. 영혼의 힘을 빌려서까지도 아파트를 소유하겠다는 대한민국 젊은 세대의 단호함을 보여줄 뿐이다. 이는 영혼조차도 소유욕을 만족시키는 도구로 전락해버린 불편한 진실을 말해주고 있다.

앞의 주제로 되돌아가보자. 트렌드가 시대감각에 가깝다면 감각은 정신에 비해 어떤 한계와 결함을 가지고 있을까? 우선 감각적인 것은 불안정하고 수명이 길지 않다. 안정성과 지속가능성을 열어주는 정신의 힘과 다르게, 감각의 한계 내지 결함은 '깊이의 부재' 혹은 '얄팍함의 일상화'에서 정점을 이룬다. 정신은 간곳없고 감각이 대세를 장악한 제국, 요컨대 '감각의 제국'이 한국 사회의 현주소가 아닌가.

감각적인 것의 소비는 우리 일상의 구심점으로 자리 잡은 지 오래다. TV에서도 상당수의 방송이 보이는 것(시각)과 먹는 것(미각)에 편중되어 있음을 쉽게 알 수 있다. 그런데 사실 감각은 모든 것을 상품으로 유통시키는 자본주의 시장경제를 견인하는 숨겨진 일등공신이다. 인간 삶의 여러 영역에서 감각이 가장 필요한 곳이 바로 '시장'이기 때문이다.

모든 것을 사고팔 수 있는 시장사회는 감각의 식민지로 탈바꿈하기 마련이다. 시장의 이윤추구 활동에서 정신의 작용은 그리 쓰임이 없다. '정신없이' 살아도 손해 보는 일 없기 때문이다. 오히려 정신없이 바쁘게 살아야 소득 수준도 더 높아진다. 한국어사전에서도 '정신없다'의 뜻 가운데 하나가 '몹시 바쁘다'로 나와 있지 않는가.

반면 시장의 무한경쟁 상황에서 우위를 선점하기 위해 최상으로 요긴한 강력한 무기는 감각이다. 오감의 발동이 없다면 누구든지 시장에서 자리할 곳을 찾지 못한다. 그렇지만 감각이 득세하는 곳에서 정신은 퇴락하고 그 빈자리를 꽉 채우는 것은 깊이 없음과 얄팍함이다. 감각의 제국 거주민들이 심오한 것, 깊고 오묘한 것을 거부하고 배척하는 것은 당연한 현상이다.

예로부터 예술은 인간의 정신세계를 담아내는 그릇이었다. 예술은 경박함, 얇음 등이 거처할 곳 없는 순수한 정신의 고유한 터전이었다. 그런데 언제부터인가 감각이 예술조차도 전면적으로 지배하면서 예술작품의 깊이와 진중함도 점차 사라지고 있다. 예술영역이 공공연한 사기극의 무대로 전락해가고 있는 것이다. 이 사기극 또한 시장과 자본의 힘이 예술을 집어삼킨 결과다.

대한민국 미술시장을 장악하고 있는 단색화와 이우환의 그림에 대해 잠시 생각해보자. 단색화와 이우환의 그림은 감각의 제국에서 미술시장을 점유할 만한 충분한 전략과 기술을 겸비하고 있다. 그런 만큼 이 그림들에서 심오한 정신의 행방은 묘연해진다. 당연히 이 작가들은 그들 나름의 기법으로 정신의 진면목을 시각화하고 있다고 단언한다. 하지만 그 정신의 흔적은 그림 자체가 재현해내는 것이 아니다. 그림에 대한 과도한 개념적 설명과 해설이 그림 스스로 완수해야 할 역할을 대행하고 있다. 그렇기에 그들이 내세우는 추상의 정신성은 그림이 아닌 언어가 감각적으로 덧붙이는 효과에 불과하다.

예술작품은 철학적 개념들로 환원되지 않는다. 이것이 예술작품이 존재하는 방식이다. 어디까지나 작품의 가치는 그것을 수용하는 '정신'과의 상호적 함수관계의 작용에 다름 아니다. 그 가치가 작품 외적인 일련의 개념들에 의해 획득될 수는 없는 것이다. 철학이 작품을 앞설 때 그것은 마치 구두에 발을 맞추려는 것처럼 주객전도의 딜레마에 빠질 수 있다. 이 같은 딜레마는 예술작품에 대한 일반인들의 안목을 하향평준화로 이끌고 문화수준의 곤두박질을 가져온다.

이우환의 경우 점, 선, 관계, 여백 같은 개념들이 작가의 회화적 창조력과 필법을 앞지른다. 좋은 그림의 기본 조건으로 여겨지는 요소들, 즉 심원한 주제의식, 풍부하고 다양한 조형성, 강렬한 필력 등은 이우환의 그림들 어디에서도 도무지 찾아볼 수 없다. 단조롭기 짝이 없는, 공장에서 찍어낸 것처럼 비슷비슷한 그림들에 의미와 가치를 부여하는 것은 그 그림들이 예술작품임을 논증하는 이론적 설명들이다. 그렇기에 매너리즘 자체가 예술작품이 벗어나야 할 제약과 한계가 아니라 그림의 작품성을 담보하는 일종의 기술적 전략으로 채택된 것이다. 어떻게 이런 역설적인 사태가 발생할 수 있었는가? 그럼에도 한국의 미술시장과 컬렉터들이 이 그림들에 열광하고 있다면 그것은 왜일까? 그들에게 미술품은 심미적 향유의 대상이 아니라 단순한 투자의 대상일 뿐이며, 작품의 예술적 가치가 아니라 경제적 가치가 그들의 구매욕을 자극하기 때문이다.

이우환의 작품관에 따르면, 화가는 캔버스를 비워두어야 한다. 일반적으로 화가들이 자신이 표현하고 싶은 모든 것을 캔버스에 그려왔다면, 이우환은 캔버스의 빈 공간을 그대로 인정하고 자신의 표현을 최소화하는 것을 지향한다. '그려진 것만이 그림'이라는 기존의 통념에서 벗어나야 한다는 것이다. 그가 궁극적으로 추구하는 것은 그려진 부분과 그려지지 않은 부분의 조화 내지 공명, 즉 그린 것과 그리지 않은 것이 부딪혀 일어나는 어떤 '울림(여백 현상)'이다. 최소한의 표현으로 최대한의 효과를 내는 '미니멀 아트'의 모티브와 방향성이 이 지점에서 발견된다.

작가 자신이 그림에 관한 그럴듯한 해설을 내놓긴 했지만 그림 자체는 그와 관련된 어떤 심미적 체험도 울림도 제공하지 않는다. 이우환의 그림들은 스스로는 말하지 않는, 오로지 말해져야만 하는 그림들인 셈이다. 작가 본인의 이 같은 설명이 없다면 그림은 단순하고 단조롭기 그지없는 그런 것으로 머물 것이다. 그래서인지 이우환 위작을 만들어냈던 이들이 다음과 같은 재미있는 말을 남겼다. 이우환의 그림들이 다른 어떤 작가의 그림보다도 베끼기가 훨씬 더 쉬웠다고. 아울러 이우환의 포스트모던 예술개념이 위작범들에게는 전혀 통하지 않았다는 안타까운 에피소드도 떠올려 볼 수 있겠다.

단색화와 이우환의 그림들에 상당한 값어치를 안겨주는 또 다른 근거는 '트렌드'라는 집단적 허상이다. 한국 미술계에서는 이 그림들과 함께 예술도 트렌드에 굴복해버렸다. 트렌드에 갇힌 예술의 배후에 버젓이 도사린 것은 자본의 힘으로 미술시장을 좌지우지하는 거대 화랑과 화상들이다. 미술계의 트렌드는 한마디로 미술시장의 큰 손들이 착상해낸 거대한 사기극이 아닐까? 그렇다면 대한민국 미술계는 그와 같은 사기극이 공공연하게 연출되는 무대와 다름없다. 이우환 그림 위작 사건은 이 사기극의 단면을 선명하게 보여준다. 그럼에도 문화체육관광부와 국립현대미술관을 위시하여 미술계에 종사하는 대부분의 사람들은 이 사기극을 침묵으로 일관하며 관망하는 관람객에 지나지 않는다.

얼마 전 KBS에서 '문화권력에 대한 견제'라는 취지로 방영된 이우환 위작 스캔들의 전말은 거대 화랑들의 손에 포획된 한국 미술계와 미술시장의 부끄러운 민낯을 적나라하게 드러냈다. 한국 사회 전체가 이 사건에 대해 침묵과 방관으로 시종일관하고 있다면 그것은 왜일까? 작가 본인이 위작을 두고 자신이 직접 그린 작품임에 틀림없다고 거듭 장담하는 이 기이한 사건조차도 현대미술의 한 경향으로 암묵적으로 인정되어서일까? 어쨌든 한국 사회자체가 이런 부조리를 배태하고 배양하는 토양임에는 분명하다.

이 같은 부조리는 우리 모두가 염원하는 문화선진국으로의 당당한 진입을 가로막고 있는 또 하나의 커다란 장애물인데도 말이다.

트렌드 역시 개인은 그곳에서 설 자리를 잃어버리는 '집단성'의 또 다른 이름이다. 집단성은 항상 어떤 구체적인 대상을 '신성하게' 여기는 것과 밀접한 연관이 있다고 사회학자 에밀 뒤르켐Emile Durkheim이 지적한 바 있다. 트렌드라는 미명 아래 '감각의 집단화'를 조장함으로써 막대한 이득을 챙기는 독점자본의 책략을 주시해야 한다. 단색화 트렌드가 '집단개성'이라는 이율배반을 창출해내는 계기로 등극했다는 점도 주목할 만하다.

예술은 근원적으로 개인의 고유한 영역이다. '개인적인 것'이 곧 '창조적인 것'이기 때문이다. 그렇기에 예술은 개인적이어야 한다. "이건 요즘 트렌드에 맞지 않아"라는 말에 이끌린다면 그것은 예술의 죽음을 예고한다. 예술작품은 개인의 창조물이고 그 창조물을 심미적으로 향유하는 것도 개인의 특권이다. 그러한 개인의 특권이 '트렌드'라는 허울의 집단성에 매몰되어서는 안 될 것이다. 자유는 개인의 존재 조건이다. '가장 개인적인 것이 가장 창의적인 것'이라는 봉준호 감독의 오스카상 수상 소감을 상기해보자. 개인적인 것이 왜 창의적인 것일까? 개인적인 것이 곧 '자유로운 것'이기 때문이다. 그런데 그 자유는 창작의 절대 조건이다. 이러한 자유가 동아시아 문화 전통에서는 '무애無㝵'로 일컬어진다. 무애란 트렌드, 미학이론, 개념 등 그 어디에도 구속됨이 없는 자유로운 창조정신을 말한다.

　참된 예술작품의 존재 조건은 그림에 대해 말해짐이 아니라, '그림 스스로 말하는 것'이다. 그림이 스스로 말한다는 것은 그림을 바라보는 이들의 '정신'이 시각적 대상 그 자체에 의해 일깨워지고 또한 사로잡히는 순수한 심미적 체험을 의미한다. 그림에 대한 이론적 논증이 없어도 심미적 교호 작용을 통해 작가의 정신세계와 수용자의 정신은 공명한다. 이 같은 그윽한 울림은 감각적 체험을 넘어서는 깊고 오묘한 '정신현상'으로서의 지위를 간직할 것이다. 그렇기에 예술은 앞서 말했듯이 정신의 본령이다. 작가나 평론가의 화려한 미사여구 없이 스스로 말하는 그림들은 존재한다. 무애의 정신이 스스로 말하는 그림들을 빚어낸다. 애석하게도 그런 작품들은 돈, 학연, 집단주의로 점철된 대한민국 미술계의 뒤안길에서 침묵하고 있을 따름이다.

7
얼룩말 무늬,
달팽이들을 위한 최소한의 약속

/

독일 아이들이 초등학교에 입학하면 가장 먼저 배우는 것 중 하나가 '얼룩말 무늬Zebrastreifen'라는 동요다. 초등학교에 갓 입학한 아이들은 "체브라스트라이펜, 체브라스트라이펜"을 흥얼거리며 돌아다닌다. 가만히 귀를 기울여보면 "얼룩말 무늬가 그려진 곳에서는 언제 어디서나 안전하게 길을 건널 수 있어요"라는 노랫말이 들린다. 학교에 새로 입학한 아이들은 동요 '얼룩말 무늬'를 배우면서 그 얼룩말 무늬(횡단보도)가 그려진 곳에서는 언제든지 길을 안전하게 건너갈 수 있다는 믿음과 확신을 얻는다. 독일 아이들은 어른 사회가 만들어놓은 교통 법규와 질서를 어려서부터 그렇게 체득하는 것이다.

대한민국은 세계에서 교통사고가 가장 많이 발생하는 나라 가운데 하나다. 그것도 얼룩말 무늬 위에서 수많은 사고가 일어난다는 사실에 경악하지 않을 수 없다. 이는 한국 사회에서는 얼룩말 무늬가 그려진 곳이 결코 안전하지 않다는 것을 입증한다. 독일의 경우 어느 곳이든, 신호등이 서 있는 곳에서든 신호등 없이 횡단보도 표시만 그려진 곳에서든 사람들은 안심하고 길을 건널 수 있다. 독일의 차량들은 신호등과 관계없이 모든 얼룩말 무늬 앞에서 보행자들이 안전하게 길을 다 건널 때까지 멈추어 서서 기다린다. 독일 교통문화에 익숙해 있던 사람들이 한국의 횡단보도를 건너다 차에 치일 뻔하는 아찔한 순간을 종종 겪는다는 것은 결코 우연한 일이 아니다.

심지어 한국에서는 신호등이 멀쩡히 서 있는 횡단보도에서조차 보행자들이 안전하게 길을 건너기가 쉽지 않다. 자동차들이 얼룩말 무늬 위까지 지그재그로 걸쳐 있어 오히려 보행자들이 그 차량들을 피해 지나가야 하는 경우도 흔하다. 횡단보도 표시만 그려진 장소에서 차량들이 먼저 멈추는 경우는 거의 없다. 얼룩말 무늬는 단지 그려져 있을 뿐이지 아무런 기능도 못하고 있는 것이다. 대한민국의 모든 도로는 사람을 위해서가 아니라 자동차를 위해 만들어졌기 때문에 독일식의 '안전한 얼룩말 무늬'를 기대한다는 것 자체가 꿈같은 일이다.

한국의 보행자들은 횡단보도에서 길을 건널 때 무척 서둘러야 한다. 신호등의 파란불이 몇 발자국 안 가서 빨리 건너오라는 듯이 깜박거리며 보행자들을 재촉하기 때문이다. 얼마 전에는 초등학교 바로 앞에서 등교하는 아이들이 횡단보도를 절반쯤 건너기도 전에 신호등의 파란불이 깜박거려 당황하는 모습을 본 적도 있다. 아이들은 놀라서 서두르며 뛰어가다가 돌부리에 걸려 넘어지기도 했다. 초등학교 앞 횡단보도에 서 있는 신호등의 파란불이 켜지고 아이들이 건너는 데 주어진 시간은 정확히 10초였지만 차량들이 지나다니는 빨간불에서 다시 파란불로 바뀌기까지는 2분이나 걸렸다. 초등학교 표지판과 신호등이 엄연히 버티고 서 있어도 대한민국 아이들은 얼룩말 무늬 위에서 절대로 방심해서는 안 된다. 아이들이 길을 건너가고 있는데 파란불을 무시한 채 그들 틈새로 그냥 지나치는 운전자의 경우도 비일비재하다. 초등학교 주변의 교통문화 수준이 이것밖에 안 되는데 한국 사회의 다른 곳은 말할 것도 없지 않겠는가.

기억하고 싶지 않을 정도로 안타까운 사건이 오래전에 전남 광주에서 발생했었다. 광주 시내 모처에서 질주하던 트럭 한 대가 아침에 등교하는 아이 한 명을 초등학교 교문 앞 횡단보도에서 거칠게 치고 지나갔던 사고였다. 아이는 그 자리에서 절명했고 더욱 충격적이었던 것은 죽은 아이의 친구가 그 참혹한 광경을 목격하고 쇼크로 사망했다는 것이었다. 그 당시 대한민국의 월드컵 유치가 막 확정되고 나라 전체가 쾌사에 한창 사로잡혀 있었다. 드디어 월드컵을 유치하게 되었다는 것만으로도 대한민국이 선진국의 대열에 들어선 것처럼 온 나라와 전 국민이 들떠 있었다. 바로 그때 한국 사회를 후진국의 수렁으로 돌이킬 수 없이 추락시켰던 그 처참했던 사건을 아직도 잊을 수가 없다.

독일 아이들은 얼룩말 무늬가 그려진 곳이면 언제 어디서라도 안심하고 길을 건널 수 있다. 이것은 사회 전체가 혹은 어른들이 아이들과 함께 한 '약속'이며, 아이들은 그 사회적 약속을 굳게 믿고 있다. 독일 사회의 경우 신호등이 한국처럼 그렇게 많지 않다. 신호등이 있든지 없든지 독일에서는 보행자들이 건너는 횡단보도에 차량들이 제멋대로 침입하지 않는다. 여러 갈래의 교차로에서도 별도의 신호등이 필요 없을 정도다. 운전자들끼리 서로 양보하고 눈치껏 운전하면서 질서를 유지하고 안전을 도모하기 때문에 그렇다. 독일인들은 법으로 정해진 것을 일상에서 철저하게 지키는 편이지만 그들에게 교통질서 의식은 법의 준수보다도 '타인을 위해' 꼭 간직해야 할 미덕으로 여겨진다. 도로 위의 안전은 무엇보다 '인간에 대한 관심, 배려, 존중, 책임'에서 비롯되는 것이다.

바쁘게 살아가는 것에 대해 '달팽이의 여유'를 생각하며 한 번쯤 의미 있는 비판을 던져보자. 독일인들에게서는 결코 서두름을 찾아볼 수 없다. 그들은 답답할 정도로 일하는 것이 느리고 더디다. 건축물을 시공해서 완성할 때까지 수 년, 수십 년, 경우에 따라서는 수백 년이 걸릴 수도 있다. 하지만 일단 완공된 건축물은 오랜 세월에 걸쳐 그대로 온전하게 유지된다. 독일에서 건축구조물의 부실시공은 상상조차 할 수 없는 일이다.

독일 유학 시절에 우리 가족은 방학 때가 되면 본Bonn 도심에서 조금 떨어진 곳에 위치한 지인의 집을 방문하곤 했다. 맨 처음 그곳에 갔을 때 마침 그 집 옆 빈 터에 새로운 이웃의 집이 지어진다며 기초공사가 한창 진행 중이었다. 거기서 일하는 독일 사람들은 못 한 개도 함부로 박는 일 없이 아주 치밀하고 꼼꼼하게 집을 짓고 있었다. 그들은 시간을 의식적으로 향유하면서 한 시간 일하면 15분쯤 쉬어가는 여유로움을 보이기도 했다. 우리는 그 한가로운 장면을 관찰하면서 '저 집이 도대체 언제 완성되려나?' 의심하지 않을 수 없었다. 매일 오전 아홉 시면 인부들이 모여서 일을 시작하고 오후 다섯 시가 되면 모두들 일을 마치고 지체 없이 돌아가곤 했다.

그리고 방학을 맞아 다시 그곳에 들렀을 때도 그 이웃집은 여전히 건축 중이었다. 그로부터 3학기가 지나고 방문했을 때 집은 어느 정도 완성 단계에 도달해 있었다. 그 조그마한 2층 집은 다 지어질 때까지 꼬박 3년이 걸렸다. 그 집짓기에는 '천천히 일하는 사람은 느린 것 같아도 서둘러 일하는 사람보다 실수 없이 일을 더 잘 할 수 있으며 더 나은 결과를 가져올 수 있다'는 독일인들의 '달팽이 철학'이 그대로 반영되어 있었다.

독일 사람들은 식사를 할 때도 (아무리 시간이 없어도) 급하게 먹는 경우가 거의 없다. 의식적으로 천천히 먹는 사람은 신경을 안정시킬 수 있어 맛의 감각을 더 즐길 수 있다고 그들은 말한다. 이 말에는 단순히 독일인들의 음식에 대한 태도를 넘어서 삶 자체에 대한 지혜가 스며들어 있다. 여유롭고 의식적인 삶을 사는 사람은 삶의 매 순간의 의미를 제대로 음미할 수 있다는 것이다. 독일 식탁에서는 여러 정감 있는 이야기가 오가는 분위기 속에서 천천히 식사를 하는 경우가 흔하다. 마치 삶의 매 순간순간을 여유롭게 즐기듯이 말이다.

독일인들에게서 물질적 풍요로움 속의 고갈된 정신과 정서적 불안정을 경험할 수 없었던 것도 기다림을 배우는 그들의 지혜 덕분이었다. 과일이 영글어가는 과정을 지켜보며 수확을 기다리는 농부의 마음으로 그들은 느긋하게 매 순간을 맞이하고 보내는 여유를 즐기고 있었다. 독일 운전자들은 얼룩말 무늬 앞이라면 파란색 신호등이 빨간색으로 바뀌기 전이라도 멀찌감치 떨어져 자동차를 멈춰 세운다. 보행자들이 횡단보도 위를 지나는 그 잠시를 기다리지 못하고 차량들이 앞에서 뒤에서 밀고 들어오는 것은 독일 사회에서 구경하기 어려운 광경이다.

한국의 지하철 승강장에서는 전철에 타고 있던 사람들이 미처 내리기도 전에 출입문으로 몰려드는 사람들로 좌충우돌 혼잡을 이룬다. 엘리베이터에서도 사람들이 모두 다 내리고 타는 법은 거의 없다. 한국인들에게 '기다림의 미덕'은 애초부터 부재했거나 언제부터인가 잊혔거나 둘 중 하나일 것이다. 지하철에서든 엘리베이터에서든 사람을 밀치고 먼저 타려는 사람들로 넘쳐난다. 사람을 밀어제치고 떠밀어도 미안하다는 말에는 아주 인색하다. 독일에서는 실수로 타인을 살짝 스치기만 해도 오히려 실수한 사람이 당황해할 정도로 상대방이 먼저 죄송하다는 말을 하는 경우도 있다.

오래전의 일이다. 명동의 어느 백화점에서 아이에게 구슬아이스크림을 사준 적이 있다. 한 여성이 지나가면서 아이의 팔을 건드리는 바람에 구슬알이 모두 바닥에 쏟아져 내렸다. 그 여성은 한번 힐끗 쳐다보고는 총총 걸음으로 가버렸고 빈 컵을 손에 든 아이는 아쉬운 듯 숟가락만 입에 물고 서 있었다. 그날 아이는 또 다른 사실에 대해 알게 되었다. 한국 어른들은 아이들과의 '사회적 약속'을 지키지 않기 때문에 '얼룩말 무늬'가 그려진 곳에서 함부로 건너가면 안 된다는 것은 이미 잘 알고 있었다. 다른 사람의 무감각 때문에 자신이 피해를 볼 수 있다는 것도 아이는 새롭게 체험했다. 한국에서의 생활이 남의 나라에서 사는 것보다 훨씬 더 조심스럽고 힘들다는 사실을 아이들은 이렇게 체득했던 것이다. 우리 아이들의 동작은 '달팽이'와 매우 흡사했기 때문에.

8
자존심,
개인으로서 살아가기 위한 윤리

/

우리 주변은 핸드폰으로 충만하다. 길거리와 지하철에서는 말할 것도 없고 공공장소 어디에서든 핸드폰을 사용하는 사람들로 넘쳐난다. 한때는 2G를 기반으로 하는 폴더 핸드폰이 크게 유행했지만 지금은 이른바 '스마트폰'으로 불리는 기기가 한국 사회 전체를 장악한 듯 보인다. 핸드폰이 처음 보급되었던 시절에는 도처에서 시끄러웠다. 사용자들의 목소리가 새로운 소음 공해를 초래할 정도였다. 핸드폰의 범람이 안 그래도 우리 사회에서 흐릿하던 공적 영역과 사적 영역 간의 경계를 여지없이 무너뜨렸던 것이다.

지금은 공공장소에서 큰소리로 통화하는 사람들의 숫자는 많이 줄어들었다. 하지만 그와는 정반대로 침묵의 방식으로 공공의

적처럼 행세하는 이들은 점점 더 많아지고 있다. 그들은 다름 아닌 스마트폰에다 자신의 영혼을 팔아넘긴 사람들이다. 길거리나 지하철역에서 오로지 스마트폰에만 시선을 집중한 채 아랑곳하지 않고 주변 사람들을 툭툭 치고 지나다니는 사람들이 자주 눈에 띈다. 전설의 인물 파우스트 박사는 인류 최초로 악마에게 영혼을 매도하고 그 대가로 세상의 모든 지식을 얻고자 했다. 그런데 요즘 스마트폰과 혼연일체가 된 사람들은 도대체 어떤 값을 받고 자신의 영혼을 넘겼는지 궁금하기 그지없다.

어쨌든 사적인 것과 공적인 것을 제대로 구분하는 일은 한국 사회에 안겨진 영구적 숙제임이 분명해 보인다. 여전히 행정 당국에서 일하는 사람이든 교육계에 종사하는 사람이든 공인으로서의 의식보다는 사적 관심과 이익에 예속되는 경우가 흔하다. 정치인들의 성추행, 공무원들의 뇌물 주고받기, 교사들의 학생들 함부로 대하기 등에서 공인 의식의 미진함은 쉽게 확인된다.

독일에서 태어나 그곳 학교에 다니다가 부모와 함께 한국으로 건너온 아이들이 학교생활에서 하나같이 겪어야 했던 문제가 있었다. 그것은 바로 '나의 것'과 '너의 것'에 대한 선명한 이해와 구분이 없는 학교 친구들과의 관계에서 발생했다. 연필이나 지우개를 빌려가서 쓰고는 다시 돌려주지 않거나 자신이 아끼는 물건을 아무 생각 없이 함부로 다루는 친구들의 행위에 불만을 품고 힘들어 하는 아이들을 주변에서 볼 수 있었다.

친구 사이라면 서로의 정을 매개로 모든 것을 주고받을 수 있다는 한국인들의 보편적인 정서에는 오히려 서구식 개인주의가 낯설고 못마땅하다. 하지만 개인주의는 그 사회의 안정과 질서를 유지하는 틀이자 정에 얽매인 우리보다 훨씬 더 '인간답게' 살 수 있게 하는 '문화적 문법'이라는 점에 주목하자. 유럽인들의 개인주의가 이기주의와 혼동되어서는 안 된다. 그들의 보편적인 정서는 이기주의가 아닌 개인주의에 토대를 두고 있으며 그 개인주의가 선진화된 사회를 이끌어가는 힘이기 때문이다.

이기주의자는 오로지 '나'만 돌보며 주변 사람에 대해서는 관심도 없고 작은 배려조차도 보이지 않는다. 심지어 이기주의자는 자신의 이익을 위해서라면 다른 사람을 도구적으로 이용할 수도 있다. 이기주의자는 자기중심적인 반면에 개인주의자는 '관계 지향적'이다. 이기주의자는 평소에 '나'만 중시하고 '우리'라는 개념에 거부감을 보이지만 자기 이득의 원천으로 여겨질 때는 거리낌 없이 '우리'를 반기기도 한다. 집단이기주의는 이렇게 탄생하는 것이다. 개인주의자는 '나'와 '우리'의 관계보다는 '개인'과 '개인' 간의 연결고리를 중시한다. 그 연결점은 다름 아닌 '존엄한 인간'이다. 개인주의는 이 세상에 존재하는 모든 개인(존엄한 인간)을 인정하고 존중하는 삶의 태도이자 방식이기 때문이다.

개인주의자가 보유한 자신의 소중한 삶에 대한 인식은 다른 사람의 삶과 현실에 대한 관심 및 배려와 맞물려 있다. 하나의 인격체로서의 개인은 다른 개인도 동일한 인격적 존재로 이해하고 존중한다. 개인주의는 '상호 개인적 이해와 존중'이라는 조건 충족과 함께 성립되는 것이다. 이러한 상호 개인적 균형 맞추기가 공동체를 지탱하는 견고한 토대를 마련하고 질서와 도덕성 확립에서 중추 역할을 담당한다. 상호 이해와 존중의 근거는 돈과 권력이 아니라 '휴머니즘'이라는 점은 말할 필요도 없다. 휴머니즘은 인간 존엄성에 대한 관심, 배려, 존중, 책임을 의미한다.

독일에서 살다가 한국에 온 아이들이 학교생활에서 무척 아쉬워하는 점도 개인의 삶과 현실에 대한 작은 관심과 배려의 결여라고 할 수 있다. 공동체 생활에 익숙하고 온정에 쉽게 사로잡히는 한국 사람들이 상대방에 대한 관심과 배려의 측면에서 서구인들에게 미치지 못한다는 역설은 연구 대상이 아닐 수 없다. 유럽 사람들의 경우에 공공질서의 준수와 타인에 대한 배려는 하나의 인격체로서 개인의 '자존심' 존립과 직결된다. 사회구성원으로서 개인이 갖추어야 할 공공의식은 그녀 또는 그가 영위하고자 하는 삶의 질quality과 무관하지 않다.

20여 년 전 독일 사회에서 살고 있을 당시에 호출기란 듣지도 보지도 못한 것이었고 핸드폰은 TV광고에서나 가끔 등장하는 물건이었다. 한국에 와서 보니 서울 도심 어디를 가든지 '삐삐' 소리 나는 작은 물건을 지닌 사람들로 붐볐다. 남녀노소 누구나 할 것 없이 허리춤에 매달고 다니는 그 자그마한 물건이 도대체 무엇인지 처음엔 상당히 궁금했다. 독일에선 전혀 볼 수 없던 것이 한국 사회 도처에서 눈에 들어왔을 때 독일이나 한국이나 똑같이 사람 사는 곳이지만 뭔가 달라도 많이 다르다는 느낌을 지울 수 없었다.

독일인들의 정서상 호출기나 핸드폰 같은 것은 근본적으로 낯선 물건들이다. 독일 사람들은 공적인 것과 사적인 것을 엄격하게 구분하고 개인의 영역을 보호받고 싶어 한다. 그렇기에 그들은 사적 영역이 다른 사람들로부터 방해받는 것을 싫어한다. 개인적인 공간을 소중히 여기는 만큼 다른 사람의 삶에도 함부로 끼어들거나 피해 주기를 삼간다. 외부로부터의 간섭을 싫어하고 자신의 삶에 내밀하게 천착하기를 원한다. 그러므로 호출기 또는 핸드폰을 통해 자신의 거처를 일일이 상대방에게 알리고 사람들과 끊임없는 교류에 시달리는 것에 익숙하지 않다. 그들은 개인의 프라이버시가 철저히 보장되기를 바라며 타인들에 의해 '매개된 삶'을 거부한다.

독일인들과 유럽인들이 공유하는 공통된 특징 가운데 하나는 자신들의 삶이 타인들에게 노출되거나 그들에 의해 '대상화'되는 것을 몹시 꺼려한다는 점이다. 적어도 핸드폰이 지구촌 전역을 오늘날처럼 장악하기 이전에는 유럽인들의 이 같은 일반적인 정서가 호출기와 핸드폰에 대한 자연스러운 거부감으로 나타났다. 호출기와 핸드폰이 반드시 필요한 이들은 의사처럼 전문직에 종사하는 사람들이라고 전반적으로 인식되었던 것이다.

유럽인들과는 정반대로 한국의 많은 사람들은 자신들의 개인적인 영역이 다른 사람들에게 노출되는 것에 쉽게 만족하는 것처럼 보인다. 그렇지 않다면 지하철이나 거리 한복판, 심지어 조용해야 하는 도서관에서조차 주변의 아무나 들을 수 있을 정도의 큰 소리로 사적인 일에 관해 떠들 리 없지 않겠는가. 그렇게 떠드는 것이 자기과시의 한 형태라도 되는 것처럼 말이다. 소셜미디어는 사생활 '전시공간'으로 탈바꿈한 지 이미 오래다. 유튜브는 개인의 내밀한 사생활을 보여주고 돈까지 벌 수 있는 그런 매체가 아닌가.

요즘 같이 통속화된 인정투쟁 사회에서는 사람들이 자기과시를 행사하는 방식도 참으로 다양해 보인다. 트럭운전자는 거리를 질주하는 난폭한 트럭몰이로, 여러 승객의 안전을 책임져야 할 버스운전기사는 소형차들을 앞지르는 아슬아슬한 곡예운전으로, 젊은 사람들은 어느새 인정받기 위한 도구로 확실하게 자리매김한 최신형 스마트폰으로, 모두 각자 나름대로 자기과시에 열중하고 있는 셈이다. 안타까운 점은 그러한 과시의 방식 가운데 어떤 것은 공공의식의 철저한 결여에서 비롯되며, 타인의 소중한 삶에 대한 무차별적인 폭력과 맞물려 있다는 사실이다.

'핸드폰 왕국'이라 불릴 만한 한국 사회에서 사용자들 상당수는 이기주의자들이다. 그들에겐 공적인 것과 사적인 것의 명확한 구분도 없고 주변 사람들이 받는 피해와 고통에 대해선 관심조차 없다. 이기주의자가 개인주의자와 다른 점은 무엇보다 자기 이익을 위해서라면 자존심 따위는 흔쾌히 버릴 수 있다는 것이다. 핸드폰을 통한 엉뚱한 자기과시가 자존심을 손쉽게 포기해버리는 대가를 치러야 한다는 것은 참으로 웃기는 일이다. "다른 사람들이 나에 대해 알지 못하는 것. 나는 그것으로 살아간다." 오스트리아 작가 페터 한트케Peter Handke의 말이다.

9

모동숲,
게임으로 알아보는 개인주의 사용법

/

2020년 3월 코로나19바이러스가 지구촌 전역을 엄습하는 와중에 닌텐도 스위치용 게임 '모여봐요 동물의 숲(이하 '모동숲')'이 발매되었다. 이 게임을 본보기로 삼아 '개인주의 사용법'에 대해 이야기해보자. 모동숲의 세계는 평화롭고 아름다운 무인도로 설정되어 있다. 무인도에 이주한 플레이어가 여러 동물 이웃과 교류하며 집과 마을을 꾸며나가도록 설계된 게임이다. 무인도는 현실의 구속과 제약에서 벗어난 장소의 의미를 갖는다. '자유의 공간'이라는 뜻이다.

아무것도 없는 무인도에서 시작한다는 것은 게임 내의 모든 것이 플레이어의 선택에 달려 있음을 암시한다. 무엇을 해야 한다는 뚜렷한 동기도 목적도 없다. 퀘스트 수행과 완료에 따른 보상도 거의 찾아볼 수 없다. '아무것도 하지 않아도 되는' 그런 게임이다. 플레이어는 그저 무인도의 변해가는 계절을 관찰하며 과일을 따고 낚시를 하고, 집과 마을을 정비하는 데 시간을 쏟으면 그만이다. 현실과는 다르게 게임 안에는 경쟁도, 자극적인 무언가도, 복잡한 어떤 것도 없다. 플레이어 '개인'만이 오롯이 존재할 뿐이다.

현실 세계와의 시간 동기화도 이 게임의 신선한 부분이다. 게임 내의 시간 역시 게임 바깥의 현실과 똑같이 흘러간다. 그렇게 함으로써 플레이어에게 실제 그 생활을 하는 것처럼 생생한 느낌을 안겨준다. 아무것도 하지 않아도 되는 시간을 제시하고 이를 가능한 범위 안에서 자유로이 사용하는 것. 이 게임의 플레이어에게 주어진 기본 원칙이다.[26] 자유로이 주어지는 시간을 의미 있게 사용하는 것은 전적으로 플레이어 개인의 몫이다. 게임은 미리 정해진 규칙들 안에서 퀘스트를 수행하거나 목적을 달성하게 하는 것이 아니라, 플레이어 스스로 창의력을 발휘하여 섬을 꾸며나가는 과정을 통해 자신의 행동이 의미를 얻도록 안내한다.

섬의 모양을 선택하고 이름을 짓고 집이 아닌 텐트에서 시작해 점차 자신의 세계를 만들어가면서 이웃 주민들을 맞이하고 공동체를 구성하는 것, 이것이 모동숲 게임의 문법이다. 게임의 모토는 '자유롭게 즐겨라'이다. 자유롭게 즐기라는 것은 플레이어 스스로 자유를 사용하는 법을 터득하라는 것이다. 이 '자유 사용법'

이 곧 '개인주의 사용법'이라는 함의를 갖는다. 자유 사용법이 어떻게 개인주의 사용법인가? 무인도는 '내가 누릴 수 있는 자유를 학습하는 곳'이고, 그 자유란 '개인의 존재 조건'이기 때문이다.

자유에는 두 가지 측면이 존재한다. 칸트는 이를 가리켜 '독립성'과 '자율성'이라 정의했으며, 이사야 벌린Isaiah Berlin과 에리히 프롬Erich Fromm은 '소극적 자유'와 '적극적 자유'로 구분했다. 독립성과 소극적 자유는 외부의 강제나 간섭이 없는 상태의 자유로움을 의미한다. 사회와 집단의 구속이나 제약에서 벗어났을 때 얻을 수 있는 자유가 이에 해당된다. 자유의 또 다른 측면인 자율성 내지 적극적 자유는 나 자신이 판단과 선택의 주체가 되고, 그에 따라 목표를 설정하고 그것을 실현하고자 노력하는 경우에 성립한다. 앞서 언급했듯이, 여러 정체성(개인·시민·인간) 사이에서 움직일 수 있는 내면의 자유로움도 적극적 자유의 성격을 갖는다.

소극적 자유가 없다면 개인이 애초부터 지닌 잠재적 가능성이 온전히 실현되기 어려울 수 있다. 그렇기에 모동숲은 무인도를 시작점으로 설정함으로써 플레이어의 적극적 자유가 전개될 수 있는 밑바탕을 마련한 셈이다. 그런데 적극적 자유는 개인이 어떠한 극한 상황에 처하든지 간에 그녀 또는 그 자신이 얻을 수 있는 '마지막 자유'라는 의미도 갖는다. 아우슈비츠 강제수용소에서 인간다움을 끝까지 포기하지 않으려 했던 이들은 인간으로서 자신들이 결코 양도할 수 없는 최후의 자유, 즉 '내면의 자유로움'을 지키고자 했다. 소극적 자유가 완전히 부재하는 극한의 감금 상태에서도 존엄한 인간이라면 누구나 마땅히 누리고자 하는 자유가 적극적 자유인 것이다. 감옥에서조차도 자유로울 수 있는 것이 인간 존재의 특이성이다. 아우슈비츠처럼 소극적 자유가 단절된 곳에서도 수용자들의 일부는 그들이 존엄한 인간이었기 때문에 내면의 자유를 향유할 수 있었던 것이다.

　무인도라는 빈 터에서 모든 것이 시작되는 모동숲의 설정 자체가 소극적 자유를 보장한다. 그곳에서의 생활이 시작되면서 플레이어는 소극적 자유에서 적극적 자유의 차원으로 진입한다. 게임의 전 과정에서 플레이어는 소극적 자유와 적극적 자유 양쪽을 왕래한다. 진정한 자유를 얻기 위해서는 외부적인 제약을 극복하는 것과 함께 내부적으로도 자유를 느낄 수 있는 '변화'가 있어야 한다. 이를 위해서 모동숲은 완전한 백지에 가까운 무인도 설정으로 외부적 요인을 한정한다. 아울러 플레이어가 공백 속에서 과정 그 자체에 집중하고 내부적 요인이 어떻게 변화하는지 자연스럽게 마주할 수 있도록 유도한다. 집과 마을을 꾸미고 섬을 가꾸어 나가는 긴 시간이 마치 나를 찾고 스스로를 표현하는 과정처럼 느껴지게 하는 것이다. 그렇기에 게임은 지극히 '과정 지향적'이며 '의도적인 공백들'로 가득하다. 이 빈 공간들이 하나 둘 채워지면서 모동숲의 세계는 생동감으로 넘쳐난다.

　무인도에 거주하면서 플레이어는 자신의 개별성과 창의성이 동시에 실현되는 경로를 직접 체험한다. 봉준호 감독이 말했던 것처럼, '개인적인 것이 창의적인 것으로 변모'되는 그 과정에 자연스럽게 참여하는 것이다. 우리 각자 소유하고 있는 특별하고 비교될 수 없는 것이 삶을 살아가는 가운데 표출된다는 점이 자유의 본질적 측면이라 한다면, 플레이어가 자신만의 개별성을 점진적으로 구현해가는 과정 자체가 '자유'라는 의미를 얻는다. 어떤 목적도, 과제도, 레벨업도 강요하지 않는 무인도의 빈 공간에서 '자신의 섬'이라는 독창성을 창조해나가는 것, 이것이 모동숲의 핵심이다.[27]

사르트르 Jean-Paul Sartre 는 인간의 윤리적 선택 행위를 예술 창작에 비유하곤 했다. 작품을 창조하는 예술가는 외부로부터 선제적으로 주어진 어떤 가이드라인도 따르지 않는다. 예술가 개인의 자유로운 창작 의지가 하나의 예술작품으로 완성된다. 마찬가지로 윤리적 행위도 무無에서 이뤄지는 자유로운 선택에 따른 것이다. 이런 점에서 예술과 윤리는 궁극적으로 지향하는 바가 같은데, 그것은 곧 '아름다움'이다. 자신의 삶을 하나의 아름다운 예술작품으로 조형해가는 일이 윤리적 행위가 추구하는 것이라면, '개인주의를 어떻게 사용할 것인가?'라는 질문의 열쇠도 여기서 찾을 수 있지 않을까?

실제 세상은 너무도 바쁘게 잠시의 멈춤도 없이 흘러가고 있다. 느리게 걸으며 자신과 주변을 살펴볼 수 있는 '달팽이의 여유'

가 절실하게 요청되는 현실이다. 그렇기에 '모여봐요 동물의 숲'은 무인도에서 하루를 보내고 마감하는 플레이어에게 천천히 자신이 걸어온 길을 돌아볼 수 있는 여유로움을 제공하고, 공백 속에서 스스로 무언가를 창조해나가는 즐거움을 선사한다. 이 같은 즐거움이 바로 '개인주의 사용법'이 주는 즐거움이 아닐까? 이 게임이 전 세계적으로 인기몰이를 하고 있다면, 지구촌의 수많은 이들이 개인주의 사용법에 열광하고 있는 것인지도 모른다. '사회적 거리두기'가 세계 곳곳에서, 각 국가 차원에서 적극 시행되고 있는 현 시점에서 전 세계 수많은 이들의 관심이 모동숲에 집중되고 있다는 점도 무척이나 흥미롭다.

얼마 전에 〈'모동숲'에서도 열심히 일하나요〉라는 재미있는 기사를 읽었다.[28] 한국에서도 모동숲은 코로나19 감염사태로 '집콕' 인구가 많아진 상황에서 '힐링게임'이라고 알려졌고 젊은 층 사이에서 대단한 구매 열풍을 불러일으켰다. 이 기사의 필자가 던졌던 질문은 이런 것이다. "여유롭게 즐기라고 나온 게임에서도 한국 사람들은 왜 정신없이 시간에 쫓기는 것일까?" 한국의 젊은이들은 "현실에서 벗어나 자유를 즐겨라, 그리고 가만히 머물러 보는 것이 뭔지도 느껴보라"는 모토의 게임을 즐기면서도, 정작 그 게임이 제공하는 '자유'로부터 '도피'했기 때문에 시간에 쫓겼던 것은 아닐까?

10

강한 선택,
삶과 사회에 대한 근본적 책임

/

인간의 삶에서 '선택'이란 무엇일까? 산다는 것 자체가 선택의 연속 과정이 아니던가. 인간 삶의 일대기가 'B^{Birth}–C^{Choice}–D^{Death}' 공식으로 요약되듯이 말이다. 지금 여기 '나'라는 존재는 여태껏 살아오면서 행해진 선택들의 결과물이다. 그 선택들이 나 자신을 만들고 나의 삶을 형성한다. 선택에는 두 가지 유형이 있는데, 이는 '약한 선택'과 '강한 선택'으로 나뉜다.

먼저 약한 선택은 개인의 '욕구'와 '끌림'에 따른 선택이다. 이것은 어떻게 보면 생물학적 차원 내지 실용적 차원의 선택이다. 가령 우리는 목마름을 느낄 때 음료수 자판기 앞에서 콜라를 마실건지 사이다를 마실 건지 고민한다. 그 두 가지 중에 어느 하나를 선택하는 것은 약한 선택에 해당한다. 중식당에 앉아 짜장면과 짬뽕을 두고 갈등하다가 짬뽕으로 결정하는 경우가 대표적인 약한 선택이다.

반면에 강한 선택은 선택자의 '가치관'과 연관된다. 그렇기에 강한 선택은 선택의 상황에서 다음과 같은 질문들을 동반하곤 한다. 나는 누구인가, 나는 어떤 인간이 되고자 하는가, 나는 어떤 삶을 살고 싶은가, 나는 어떤 세상을 원하는가. 이처럼 강한 선택에는 선택자가 스스로에게 던지는 '반성적 평가'의 순간이 개입한다. 선택자 주체가 어떻게 살아왔으며 어떻게 살고 있고 앞으로 어떻게 살아갈 것인지의 문제, 요컨대 자신의 '삶의 방향' 내지 '삶의 질'에 대한 관심과 분리되지 않는 것이 강한 선택이다. 이런 이유로 강한 선택은 선택자를 하나의 '인격체'로 자리매김하는 조건이기도 하다. 우리 각자의 인격적 성숙함을 결정하는 것이 강한 선택인 셈이다. 아울러 사회정의 구현, 공공질서 확립, 도덕성 회복 같은 주제들도 사회 구성원 개개인의 강한 선택과 무관하지 않다는 점에 주목해야 한다.

가치관이 배제된 약한 선택은 인간적 품격과는 아무 상관이 없다. 예컨대 누군가 지금까지 살아오면서 100그릇의 짬뽕을 먹었다 해도 짬뽕 100그릇이 그 사람의 인격에 반영되지는 않을 것이다. 약한 선택과 강한 선택 간의 연결고리가 존재한다면 그것은 강한 선택이 선택자의 욕구나 끌림에 관한 반성적 평가를 전제한다는 점이다. 새로이 출시된 신제품에 무작정 끌린다면 그 제품의 구입을 결정하기 전에 왜 그것에 끌리는지 이유를 묻고 찾아내는 반성적 능력을 동반하는 것이 강한 선택이다. 약한 선택의 경우에는 이와 같은 성찰의 계기가 개입하지 않는다. 인간다움은 삶을 영위하면서 무엇을 욕구해야 하며 무엇에 끌려야 하는지 반성적으로 평가하는 순간들 속에서 발견될 것이다.

최근 들어 일상 속에 깊숙이 파고든 인공지능에게 욕구와 끌림에 따른 '약한 선택권'을 넘겨줄 수는 있다. 어떤 음식을 먹고 어떤 옷을 입으며 어떤 음료수를 마실 것인지 우리가 스스로 판단하고 선택해야 하는 행위를 인공지능에게 양도할 수 있다. 하지만 그 욕구와 끌림의 타당성을 묻는 '강한 선택권'은 앞으로도 지속적으로 인간의 전유물로 남아 있어야 할 것이다. 인공지능이 인간의 지적 수준을 능가하는 논리적 추론과 연산 능력을 보여줄 수는 있지만 스스로의 욕구와 감정을 검토하는 능력까지도 차지할 수 있을지는 확실하지 않다. 만약 그럴 가능성이 현실적으로 도래한다면 그때는 인간이 인공지능에게 자신의 지위를 넘겨주고 삶의 현장에서 완전히 퇴각해야 할지도 모른다. 그렇게 되면 인공지능의 존재가 인간다움이 무엇인지 돌아보게 만드는 것이 아니라 오히려 그 인간다움을 독점하는 전대미문의 시대가 열릴 것이다.

자신의 가치관에 따른 것이 아니라 사회적 가치관이 주입된 결과로서 도덕적인 행동을 하는 것은 강한 선택이 아닌가? 이것 또한 사회의 보편적 가치를 추구하는 삶을 살겠다고 개인이 '선택'한 경우가 아니던가. 사회적 가치를 거스르지 않겠다고 개인이 판단하고 결정한 것이라면 이는 강한 선택이다. 그렇지만 사회의 여러 구성원이 공유하는 가치관에 뭔가 '문제'가 있다고 여겨질 때, 가령 그 사회가 소수자의 배제와 차별을 당연시하거나, 물질적 성공만을 추구하도록 강요하거나, 외모지상주의를 조장하는 경우에 그 사회의 보편적 지향에 대해 문제제기하는 것 역시 강한 선택이다. 이처럼 강한 선택은 앞서 논의되었던 '정체성의 세 차원 (개인·시민·인간)'과도 자연스럽게 연결된다. 한 사람의 '개인'이 스스로를 '시민' 내지 '인간'과 동일시할 수 있는 판단과 결정이 '강한 선택'이라면, 이것은 민주주의와 인류공동체를 정초하는 핵심 요소임에 틀림없다.

더 나아가서 역사와 문명을 만드는 것도 강한 선택이다. 프랑스 역사가 마르크 블로크^{Marc Bloch}는 역사를 만드는 것은 섭리가 아니라 인간의 판단과 선택들이라고 했다.[29] 블로크는 인간의 강한 선택들이 역사를 만들어간다는 자신의 확고한 신념에 근거해서 소르본대학교의 역사학 교수 지위를 포기하고 레지스탕스 운동에 참여했다가 독일군에 체포되어 처형당했다.

소크라테스, 간디, 만델라 같은 인물들도 그들 각자의 강한 선택에 의해 인류 역사와 문명을 만드는 데 기여한 사람들이다. 위대함의 조건은 생물학적 족쇄를 어디까지 벗어던질 수 있는가에 달려 있지 않는가. 간디와 만델라의 경우 개인의 사적 체험이 인간 보편의 문제로 연결된다. 간디는 자신에게 던져진 모욕을 인종차별 문제로 인식하고 이를 종식시키기 위해 한평생 분투했다. 만델라에게 자유의 억압은 비인간화를 초래하는 주범이자 인간성 구현을 가로막는 장애물이었다. 인간을 인간답게 만드는 가치들, 예컨대 자유, 평등, 사랑, 우정, 정의, 행복, 관용, 공감 등은 인간관계 안에서 추구되고 발현된다. 강한 선택도 그런 인간관계 안에서 이루어지는 것인 만큼 '책임'과 동근원적이다.

11

강한 평가,
자기와의 올바른 관계 정립

/

'내가 나 자신을 어떻게 생각하는가' 보다 '다른 사람이 나를 어떻게 바라보는가'에 더 신경을 쓰는 사람들이 많다. 누군가가 다른 사람을 지나치게 의식한다면 그것은 타인에 대한 관심과 배려가 남달리 깊어서 나오는 태도는 아닐 것이다. 다른 사람의 시선에 쉽게 이끌린다면 그것은 비주체적인 삶을 살고 있다는 뜻이 아닌가? 인간의 행위는 행위자의 자기 인식에 관한 언급 없이는 제대로 설명될 수 없다. 일상의 행위에서 행위자의 자기 인식이 그 행위 자체를 이해하는 데 중요한 열쇠로 작용하기 때문이다.

몇 년 전 강남 어느 백화점 식품부에서 있었던 일이다. 계산대의 직원이 물건 값을 계산하려는 고객에게 주차 여부를 알아보려는 것인지 지하철을 이용하느냐고 물어보았다. 그러자 그 고객이 갑자기 얼굴을 붉히고 화를 내면서 자기가 지하철이나 타고 다니는 사람으로 보이냐고 따지고 들었다. 고객은 백화점 관리책임자까지 찾아가서 자신에게 지하철 운운하는 것은 모욕이 될 수밖에 없다고 항의를 했다. 무심코 말 한마디 잘못 건넨 직원은 그 대가를 단단히 치러야 했다.

지하철은 누구든지 필요에 따라 이용할 수 있는 대중교통수단이다. 대한민국 정부가 계층격차를 고려해서 가난한 서민들을 위로하기 위한 방편으로 만들어 놓은 것이 아니다. 그럼에도 지하철이 사회적 신분을 구분하는 일종의 제도적 장치로 잘못 인식되고 있음을 이 사건은 보여준다. 안타깝게도 백화점에서 일어났던 것과 유사한 사건들이 지금도 종종 발생한다. 이 우스꽝스러운 사건들을 어떻게 이해해야 할까?

백화점 고객의 엉뚱한 행위는 비주체적인 자아를 가진 사람이라면 누구에게서나 기대할 수 있는 모습이다. 주체적이지 못한 모습은 자기 자신과의 관계가 취약할 때 주로 나타난다. 자기와의 관계가 확고부동하다면 그 고객처럼 궁색한 항의를 늘어놓을 이유가 없을 것이다. 내가 나 자신을 흔들림 없이 인식하고 있는데 다른 사람들이 나를 지하철 이용자로 여기든 자가용을 타고 다니는 사람으로 보든 그게 무슨 상관일까?

자기와의 관계 정립에서의 미진함은 한국 사회 도처에서 목격

된다. 유럽 도심에서는 소형차와 중고차들이 흔하게 눈에 띈다. 그와는 대조적으로 서울 도심에서는 중형 고급 승용차들이 주류를 이룬다. 겉이 번쩍이는 외제 자동차에 대한 선호 의식, 평수 큰 아파트에 대한 집착, 이 모든 것이 타인의 시선에 사로잡힌 자아에서 비롯된다면 문제는 심각하다. 자기와의 관계가 허약한 사람의 내면은 공허할 수밖에 없고 그 텅 빈 공간을 끊임없이 채우는 것은 타인의 존재이기 때문이다.

일찍이 철학자 아리스토텔레스는 인간 삶이 추구하는 궁극적 목적을 '행복'이라 정의했다. 아울러 그 행복은 '자기완성'과 무관하지 않다고 했다. 자기완성에 이르면 행복은 저절로 굴러온다는 것이다. 자기완성과 행복에 도달하는 지름길은 자기와의 확고한 관계 정립과 그에 기초한 여러 덕목의 실천이다. 아리스토텔레스에게 윤리나 도덕의 개념은 '자기와의 관계'라는 뜻밖의 의미를 포함하고 있었다.

자기와의 관계 설정을 스스로에 대한 평가 방식과 결부시켜보자. 우리가 살아가면서 어떤 선택을 해야 하는 경우에는 자신에 대한 '반성적 평가'의 순간이 개입하곤 한다. 그런데 이 평가는 두 가지 유형으로, 즉 '약한 평가'와 '강한 평가'로 나타난다. 약한 평가는 '대상 지향적'인 반면, 강한 평가는 '자기 지향적'이다. 대상 지향적이라는 것은 선택 대상이 그 자체의 매력의 정도에 따라 결정된다는 뜻이다. 예컨대 갈증을 느낄 때 마실 음료수를 고른다거나 배가 고플 때 먹을 음식을 선별하는 경우가 이에 해당한다.

강한 평가의 '자기 지향성'은 선택자 주체의 가치관과 연결된다. 내가 지금까지 어떻게 살아왔으며, 현재 어떻게 살고 있고, 앞으로 어떻게 살아갈 것인지에 대한, 즉 자신의 삶의 방향과 삶의 질에 대한 확고한 신념과 분리되지 않는 것이 강한 평가다. 그렇기에 우리 각자의 인격적 성숙도를 결정하는 것도 강한 평가 방식이다. 당연히 한 사회의 공정성, 도덕성, 공공성의 수준을 가늠할 수 있는 척도란 것도 그 구성원 개개인들의 스스로에 대한 강한 평가에서 발견될 것이다.

가치관이 배제된 약한 평가는 자신과의 견고한 관계 맺음을 필요로 하지 않는 반면, 강한 평가는 스스로에 대한 '실존적 책임성'을 그 배경에 두고 있다. 오늘날 현대인들의 경우 자신에 대한 강한 평가를 요청하는 선택 상황에서 약한 평가로 대신해 버리는 경향이 현저하다. 자기와의 확고한 관계 정립에 준거한 강한 평가는 무엇보다 한국 사회에서 절실히 요청되는 공적 항목이며, 우리 각자에게 실천의 과제로 안겨진다. 지난날 종종 눈에 띄었던 교통질서확립 캠페인의 어떤 멋진 표어가 강한 평가 방식을 그대로 반영하고 있지 않은가. "운전은 인격이다!"

12

거리두기,
개인주의 문화 정착을 위한 기회

/

전근대의 서구 사회에서와 마찬가지로 동아시아 문화권에서도 개인의 자취를 발견하기란 쉬운 일이 아니다. 공동체나 집단이 앞서는 곳 어디서나 개인은 설 자리를 잃기 마련이다. 칸트는 이성의 '사적' 사용과 '공적' 사용을 구분했다. 칸트의 관점에서 서양 문화와 동양 문화를 비교해보면 주목할 만한 차이점이 눈에 들어온다. 동아시아 사회에서 이성의 사적 사용은 오랜 전통과 관습의 경력을 보유했던 반면, 이성을 공적으로 사용하는 것은 아주 드문 일이었다.

　이성의 사적 사용이 공동체 내지 집단 구성원이라는 단일 정체성을 강제한다면, 이성을 공적으로 사용하는 경우 정체성은 유연한 움직임을 보여준다. 내 안에서 '개인'과 '인간'이 물 흐르듯 연속성을 갖기 때문이다. 개인에서 인간으로, 개인주의에서 휴머니즘으로, 단독성에서 보편성으로의 이동이 없다면 이성의 공적 사용도 없다. 칸트는 이런 '이동의 가능성'을 '자유'로 파악했고 '계몽'을 성취하기 위한 필요조건으로 보았다.

이성의 공적 사용과 과학적 사고는 동근원적이다. 그 동근원성은 인간의 '인간다움'에서 유래한다. 과학은 아무 때 아무 곳에서나 가능한 것이 아니다. 그렇기에 동아시아 사회에서는 근대 유럽의 과학혁명과 같은 획기적인 사건이 발생할 수 없었다. 과학이 발전하기 위해서는 관찰과 사고에 있어 과학자의 '독립성'이 보장되어야 한다. 탐구와 비판의 '자유'가 허용되어야 한다. 동아시아의 집단주의 문화는 이 같은 조건들을 만족시킬 수 없었다. 과학 발전을 위해서 사회가 제공해야 하는 안전장치에 해당하는 것이 자유로운 사고·자유로운 물음·자유로운 발언이다. 이는 이성을 공적으로 사용하는 경우에도 마찬가지로 적용된다.

과학적 탐구는 순수하게 인간적인 활동이다. 인간을 제외한 지구상의 어떤 생명체도 탐구 행위를 시도할 수 없지 않은가. 인간이 자유, 평등, 정의, 존엄을 요구하게 된 것은 '과학적 사고'가 인간 사회에 널리 퍼졌기에 가능했다. 이처럼 인간 존엄성에 대한 감각을 키우고 더 나은 세계를 만드는 과정의 중심에 선 것이 과학적 사고다. 과학적 사고는 집단주의적 맹신과 대척점에 서 있다. 집단주의나 패거리주의가 개인의 존재를 허용하지 않듯이, 과학적 사고 역시 미신, 편견, 독단, 맹신이 지배하는 사회에서는 불가능하다.

한국 사회는 코로나19 감염사태를 돌파해나가는 과정에서 예기치 않게 '신천지 교회'라는 엄청난 규모의 복병과 충돌했다. 과학적 사고가 결여된 사회는 고통에 직면할 수밖에 없다. 그런데 이 사실이 이번 코로나19 감염사태로 말미암아 확실하게 입증된 셈이다. 신천지 교회는 비과학적 사고의 본거지이자 개인이 설 자리가 없는 집단주의의 거대한 표본으로 등장했다.

신천지 집단감염사태를 돌이켜보면서 다음과 같은 의문점이 생겼다. 대한민국의 수많은 젊은이들은 왜 그들 각자의 독립성을 포기한 채 집단주의에 매몰되었는가? 개인의 홀로서기를 뒷받침해야 할 사회적 안전망의 부재에서 그 원인을 찾아야 할 것인가? 그러한 사회적 결핍으로 인해 어디에도 기댈 곳 없는 처지로 힘들어 하는 그녀 혹은 그들이 맹신적 종교집단에 쉽게 포섭되는 결과를 초래한 것은 아닌가? 젊은 신도들 대부분이 이 사회에서 어떤 형태로든 소외된 사람들이라는 점은 분명해 보인다. 그들은 종교집단을 떠나서는 의존할 곳이 없는 사람들이고, 이는 우리 사회 구조와 밀접한 연관을 갖는다.

무한경쟁과 인정투쟁으로 점철된 사회시스템 안에서 고립된 개인은 외로움과 무력감에 짓눌릴 수 있다. 그녀 또는 그는 자신의 모든 것을 종교집단에 맡기고 그곳에 맹목적으로 안주함으로써 소속감과 심리적 안정을 얻고자 할 것이다. 이렇게 얻어진 안정감과 소속감이 전근대의 전통 사회에서 흔히 볼 수 있는 양상이라는 점에 주목하자. 전근대 사회에서의 인간은 자유롭지도 않았지만 혼자 고립되어 있지도 않았다. 에리히 프롬 식으로 말하자면, 신천지의 젊은 교인들은 모두 '자유'로부터 스스로 '도피'한 셈이다. 물론 그들을 그렇게 만든 것이 한국의 사회시스템이긴 하지만 말이다.

코로나19 감염사태가 던지는 문명사적 함의가 있다면 그것은 지금까지 인류가 어떻게 살아왔는지 돌아보게 하는 성찰의 기회라고 할 수 있지 않을까? 인류는 지금 어디에 서 있으며, 어디로 나아가고 있는가? 인간이 생태 환경을 무자비하게 변화시킨 결과, 인간 외부에 존재하는 강력한 경쟁자로 등장한 것 가운데 하나가 바이러스다. 이 '보이지 않는 적'의 무차별 공격 앞에서 미국과 유럽의 브랜드 가치는 여지없이 무너져 내렸다. 코로나19바이러스와의 전쟁 초기에 글로벌 리드 미국과 선진 유럽이 똑같이 보여준 것은 자만, 오판, 무능이었다. 유럽 전역을 죽음의 공포로 몰아넣고 유럽 인구의 60퍼센트를 휩쓸었던 페스트의 시대, 즉 14세기 중세로 서양 선진국들이 타임머신을 타고 되돌아간 것 같은 착각이 들 정도의 장면들이 미디어를 장식했다.

'사람보다 돈이 먼저'라는 강박적 사고방식에서 헤어나지 못하는 사람들의 작태가 코로나19 감염사태를 통해서도 여실히 그 모습을 드러낸다. 바이러스 감염으로 허무하게 죽어가는 수천, 수만의 사망자들에 대한 애도와 안타까움보다는 경제성장의 둔화를 걱정하는 목소리들이 압도적으로 크다는 사실에 경악하지 않을 수 없다. 자본주의 시스템이란 것이 인간 정신을 이 정도로까지 개조시켰단 말인가? 이 지구상에 의미, 가치, 목적을 추구하는 생명체라고는 인간밖에 없다. 그런데 언제부터인가 '경제 살리기'가 인간이 이 세상에서 추구하는 유일무이한 의미, 가치, 목적이 된 것처럼 보인다. 무수한 사람들의 '죽음' 앞에서도 경제를 '살리자'는 구호만이 반복되는 현실이 어처구니없을 뿐이다. 우리가 반드시 알아둬야 할 것은 경제가 성장할수록 인간 탐욕도 그에 비례해서 불가역적으로 커진다는 사실이다.

'사회적 거리두기'도 단순히 바이러스 감염 예방 차원에서 사람과 사람 간의 간격 유지에 한정되어서는 안 된다. 사회적 거리두기는 우리 각자의 '스스로에 대한 거리두기'로 연결되어야 한다. 집단이나 타인과의 관계에서 벗어난다고 해서 자기만의 세계 안에 갇히는 것이 아니라, '개인'으로서 오롯이 스스로를 살펴볼 수 있는 소중한 기회로 여겨져야 할 것이다. 정신없이 빠르게 흘러가는 일상이 잠시 멈춘 상태에서 '나의 욕구와 욕망에 대한 거리두기'라는 더없이 의미 있는 과제가 코로나19바이러스 덕분에 우리 모두에게 안겨진 셈이다. 이런 과제 수행에서 기대할 수 있는 긍정적 효과의 하나는 사회적 거리두기는 유지하되 '마음의 거리는 좁히는 것'이 아닌가. 철학자 슬라보예 지젝의 말처럼, 사회성을 잠시 괄호 안에 넣음으로써 고립되어 있는 모든 사람들과 가까워지고, 바로 그런 이유에서 "외로워하며 가능한 한 고독한 상태로 있기 위해 노력"하는 것이 현재 우리에게 주어진 하나의 방법일 것이다.[30]

앞으로 언제 또 닥칠지 모르는 신종 바이러스 공격에도 미리 대비할 겸, 이번 코로나19 감염사태가 우리에게 강제한 '사회적 거리두기'를 한국 사회 안에 바람직한 개인주의 문화를 정착시키기 위한 계기로 인식하는 것이 필요하다. 지금까지 사회적 관행으로 자리 잡았던 집단주의와 패거리주의 족쇄를 벗어던지고 개인의 독립적 삶의 방식을 제고할 수 있는 기회로서 말이다. 바이러스 집단감염사태를 예방할 수 있는 최상의 사회적 해결책은 '개인주의'에서 발견되어야 할 것이다.

13

경제의 민주화,
바람직한 미래사회의 기초

/

형이상학에서 제기된 인간 존재에 관한 물음은 정치적 목적을 내포했다. 인간 본질에 대한 탐구보다는 공동체의 정체성을 규명해 내는 일이 형이상학의 근본 과제였다고 해도 지나친 말이 아니다. 철학의 기본 질문을 정치적 문제로 환원시킨 최초의 철학자는 소크라테스였다. 소피스트들의 지적 회의주의와 도덕적 상대주의에 맞서 소크라테스는 아테네의 도덕적 질서와 공동체적 결속을 담보하기 위해 보편적 진리에 대한 참된 인식을 역설했다. 개별자들의 현상적 차이와 다양성에도 불구하고 그 현상의 배후에 존재하는 보편자들(미의 이데아, 선의 이데아, 정의의 이데아)에 대한 인식은 공동체 구성원들의 도덕적 정체성을 주조하는 데 반드시 필요한 조건이었다.

소크라테스의 철학적 보편주의는 모든 사람에 의해 공유되는 보편자들의 규명을 통해 서로 다른 개별자들이 결속될 수 있는 형이상학적 근거를 확립한다는 신념에 입각해 있었다. 인간 공동체의 이상적 형태는 보편적 진리에 대한 인식을 토대로 하며 다양한 개체가 공유하는 보편성의 현존은 공공의 목적을 수행하는 원동력이 된다. '무지가 곧 악덕'이라는 소크라테스의 주장도 인간의 비도덕적이고 결속력 없는 행위는 보편적 진리에 대한 앎의 결여에서 비롯된 것이라는 의미를 갖는다.

소크라테스 사상의 정치적 함의는 플라톤에 의해 그대로 계승된다. 플라톤의《국가》에서는 사물의 본질에 대한 참된 지식을 가진 철학자들이 정치적 주체로 등장한다. 그런 만큼 공공의 목적을 수행하기 위한 수단으로서의 형이상학적 근거는 확고부동할 수밖에 없었다. 개별적 현상과 보편적 실재의 구분에 전제된 플라톤의 정치적 의도는 기독교 신앙의 실천적 목적과도 일치한다. 모든 사람은 신의 형상에 따라 창조되었다는 기독교의 보편주의 역시 도덕적 결속에 준거한 새로운 공동체의 확립을 추구했다. '인간 존재란 무엇인가'라는 종교적 물음의 배후에는 이상적 공동체를 구성하기 위한 정치적 의도가 숨겨져 있었다.

근대는 새로운 인간 공동체에 대한 요청이 가장 절실했던 시대였다. 기독교 신앙이 응집력을 잃고 현존하는 것으로 확신했던 형이상학적 근거가 붕괴되면서 철학은 '인간이란 무엇인가'라는 물음에 대한 새로운 답변을 모색해야만 했다. 결국 다종다양한 사람들이 종교적 확신, 습관, 정서에 있어 서로 다를 수 있지만 '이성'만큼은 그들 모두가 보편적으로 공유하는 정신능력으로 이해되었다. 인간 이성이 자연에 내재한 보편적 법칙들을 발견할 수 있는 것과 마찬가지로 도덕과 정치 영역에서도 보편적 규범들을 도출해낼 수 있는 것으로 파악되었던 것이다.

계몽의 시대에 이르면 '우리는 누구인가'라는 정치적 물음이 '인간이란 무엇인가'라는 철학적 질문의 전면에 제기된다. 공동체의 정체성에 대한 질문은 인류의 미래에 대한 물음을 내포하며 기획project을 위한 요청이 된다. '우리는 누구인가'라는 질문은 '우리는 어떤 미래를 구축하려고 하는가'라는 의미를 지시하며, '계몽의 기획'은 이성이라는 인간의 보편적 본질에 근거한 바람직한 미래사회의 건설을 목표로 설정한다.

계몽의 기획은 인간의 본질을 이성으로 규정하면서 동시에 자연지배라는 과제를 수행해야만 했다. 인간 내면의 자연스러움에 대한 통제와 외부의 물질적 자연에 대한 기술적 지배는 새로운 인간 공동체의 보존과 발전을 위해 불가결한 조건으로 인식되었다. 내부의 자연과 외부의 자연에 맞선 인간 공동체의 자기보존의 논리를 기반으로 형성된 것이 '주체'라는 개념이다. 근대인의 자기이해 방식을 집약하는 주체 개념은 인간이 스스로에 대한 투명한 이해와 완전한 통제를 통해 자신이 주변 세계의 주인이자 소유자라는 '근대적 자아관'을 나타낸다.

철학의 배후에 도사린 정치적 의도를 최초로 간파한 니체^{Friedrich} ^{Nietzsche}에 이르면 '보편성'에 대한 어떠한 확신도 날카로운 의심의 칼날을 비껴갈 수 없다. 니체는 인간과 세계에 대한 형이상학적·종교적·과학적 해석들은 제각기 목적들을 내포하며 그 목적들은 현존하는 또는 미래적 공동체의 존립과 불가분의 관계를 맺고 있다고 단언했다. 기존의 형이상학에 대한 계몽주의의 거부는 '우리는 누구인가'라는 물음에 대한 대안적 답변을 미리 가정하고 있으며 주체라는 개념은 인간 존재의 동질성에 대한 믿음을 전제한다고 니체는 언명한다.

호르크하이머와 아도르노도 주체 개념 자체에 내재된 '주관화와 사물화의 변증법'을 포착하면서 주인으로서의 주체는 동시에 지배받는 대상이라는 점을 역설했다. 내면적 본성의 억압과 규제는 합리적 자아를 배양하기 위해 치러야 할 대가이며 그 자아는 자기보존과 자연지배를 위해 필수적인 것이다. 미셸 푸코 역시 근대 서구 사회의 합리화 과정에서 나타난 개인의 실존이 획일화되고 유형화되는 문제점에 대해 강력하게 비판했다.

니체에서 푸코에 이르기까지 근대 이성주의에 대한 심층적이고 비판적인 분석들은 하나같이 주체 개념의 해체 작업에서 그 모습을 드러내는 '개인'의 영역에 주목했다. 인간 존재의 보편적 동질성에 대한 믿음이 붕괴되고 근대적 가치 기준들의 지배력이 약화될수록 실천적인 삶 속에서 개인적인 문제의 영역으로 들어가는 측면들이 더 많아지기 마련이다. '실존주의적 휴머니즘'을 주창한 사르트르는 개체성을 보편성의 구성 요건으로 내세우면서 개인과 공동체의 관계를 사회존재론적 관점에서 재해석했다.

'실존은 본질에 앞선다'는 실존주의 강령이 말해주듯이, 사르트르는 본질과 실존을 첨예하게 대비시켰다. 전통 형이상학에서는 본질적인 것이 실존적인 것에 선행하는 것으로 인식되었으며, 그 본질에 내재한 것은 보편성·객관성·초월성이었다. 그에 반해 실존적인 것은 언제나 개별성·주관성·구체성을 보유한다. 사르트르에게 구체적이고 개별적인 것은 보편적인 것을 가능하게 만드는 '시작점'이다. 그렇기에 보편성은 미리 주어진 것이 아니라 개인의 실존적 선택을 통해 구현되어져야 할 어떤 것으로 이해된다. '우리'라는 개념이 갖는 의미의 제약 내지 확장도 우리 각자의 개인적 선택에 달려 있는 것이다.

현 시대상황 속에서 '우리'라는 개념에 걸맞은 공동체적 협력과 연대를 이끌어낼 수 있는 필요조건은 무엇일까? 인간 존재와 관련된 보편적 진리들이 통합적 질서를 제공할 수 있다는 형이상학적 확신은 오늘날과 같은 '탈형이상학의 시대'에는 더 이상 설득력을 얻을 수 없다. 사람들은 각자가 서로 다르지만 절대자의 동일한 창조물이라는 기독교의 막연한 보편주의도, 근대가 내세

웠던 인간의 이성도 공동체의 정체성 확립을 위한 확고부동한 토대로서의 지위를 잃어버렸다.

인간과 인간은 말할 것도 없고 인간과 기계까지도 서로 소통하며 완전하게 연결되는 꿈같은 세상, 요컨대 '초연결' 시대를 열어가는 테크놀로지의 성취에도 불구하고 우리 삶의 실제 연결망은 여전히 초라하기 그지없다. 요즘 TV광고들은 '5G 초연결 시대'를 현란하게 홍보하고 있지만 현실에서의 차별, 소외, 빈부격차는 더욱 심화되고 있다. 이런 국면에서는 '초연결 사회'는 커녕 '초격차 사회'로의 진입이 코앞에 닥쳐 있다는 불안감마저 자리 잡는다.

결국 지금의 자본주의 시스템에서 '우리'라는 개념이 갖는 그 본래적 의미를 실현하기 위해서는 '부의 재분배'라는 (불)가능한 조건을 실행해야 하지 않을까? 돈의 힘이 형이상학적 진리를 대신한다. '우리는 누구인가'라는 물음에 진지하게 대응하려면 반드시 경제적 현실을 고려해야 한다. 현대 사회에서 서로 다른 사람들의 공동체적 결속은 경제적 불균형의 해결을 통해서만이 실현 가능할 것이다. 우리 모두가 한 공동체의 구성원들이고 한 민족이며 더 나아가서 인류라는 믿음과 확신을 얻기 위해서는 '경제의 민주화'가 그 해법이 아닐까? 가라타니 고진이《세계사의 구조》에서 전혀 새로운 글로벌 커뮤니티의 구성 조건으로 내세우는 것도 '증여의 윤리'라는 점에 주목할 필요가 있다. 증여의 윤리만이 자본주의 시스템이 구축해놓은 경제적 불균형의 장벽을 돌파할 수 있는 유일한 해법이라는 것이다.

　이와 같은 해법 제시는 사회주의 공산체제의 '공동소유제' 비슷한 것이 도입되어야 함을 의미하지 않는다. 부의 재분배는 제도적 또는 국가적 차원에서 강제되는 것이 아니라 개인의 도덕적 선택에서 비롯되어야 한다. '우리는 누구인가'라는 질문에 대한 사려 깊은 응답은 '왜 내가 가진 것을 가지지 못한 사람들과 나누어야만 하는가'라는 물음과의 연관성 속에서 찾아져야 할 것이다. 경제적 불평등 및 양극화 해소가 형이상학이 추구했던 보편적 진리의 역할을 떠맡으면서 보편성 구현의 새로운 지표로 떠오른다. 개인의 작은 기부 행위조차도 '보편성에의 참여'라는 철학적 차원에서 그 참된 의미가 발견될 것이다.

　현재를 '제2의 계몽 시대'로 부를 수 있을 정도로 '우리는 누구인가'라는 공동체의 정체성에 대한 질문이 요즈음 빈번히 제기되고 있다. 공동체의 정체성에 대한 물음은 우리의 미래와 연관된 질문을 내포하며 다시 한 번 기획을 위한 요청이 된다. '우리는 누구인가'라는 질문은 '우리는 어떤 미래를 만들고자 하는가'라는 물음을 동반하며 계몽의 기획은 바람직한 미래사회의 건설을 목표로 설정한다. 그와 같은 미래의 모습은 개인의 자유로운 선택에 그 바탕을 둔 '경제적 현실의 균형 맞추기'라는 과제 수행을 통해 실천적으로 구현될 것이다.

14

증여,
세계공화국으로 나아가는 조건

/

시장자본주의 시스템의 폐해를 넘어설 수 있는 두 갈래의 길을 생각해볼 수 있다. 먼저 자본주의 시스템을 그대로 두고 부의 재분배를 통해 부작용을 줄이는 것, 예컨대 《21세기 자본》에서 토마 피케티 Thomas Piketty가 화폐(자본)가 상품(노동)보다 우위에 있는 자본제 사회의 구조분석을 통해 내놓은 해법이다. 지젝 같은 철학자는 자본주의 바깥의 삶을 상상하는 것조차 불가능한 시대를 우리가 살고 있다고 공언한다.

그런데 가라타니 고진은 《세계사의 구조》에서 근현대 세계시스템을 넘어서는 새로운 문명 건축의 설계도를 담대하게 제시하고 있다. 이 설계도는 자본주의 바깥의 삶을 상상하는 것조차 불가능한 시대의 '혁신적 제안'으로 검토될 수 있을 것이다.

현재의 자본주의 시스템을 지탱하는 기본 원리를 지양하고 그 바깥으로 나아가서 새로운 시스템을 구축하는 것이 어떻게 가능한가? 가라타니 고진은 '이념' 없이 근본적인 변화는 불가능하며 변화의 방향성에 대한 고민도 사라질 수 있다고 주장한다. 그는 칸트로부터 '세계공화국'이라는 이념을 빌려온다.

칸트는 세계공화국을 영원한 세계 평화를 실현하기 위해 인류사가 도달해야 할 이념으로서 논하고 있다.[31] 이에 토대를 둔 것이 과거의 국제연맹[LN]이었고 현재의 국제연합[UN]이다. 칸트가 제시한 세계공화국은 "사람들이 점진적으로 나아가야 할 지표로서의 규제적 이념"이다.[32] 세계공화국과 관련된 가라타니의 구상은 '교환exchange'이라는 개념에서 출발한다. 애덤 스미스와 마찬가지로, 그는 교환을 생존을 위한 인간 본연의 활동으로 파악한다. 그런데 가라타니에게 교환은 생존의 조건이자 동시에 '사회구성체의 조건'이다.

《세계사의 구조》에서 가라타니 고진은 사회구성체의 역사를 '교환양식'이라는 관점에서 재구성한다. 이는 '생산양식'에서 사회구성체의 역사를 보려고 했던 마르크스의 시도를 비판적으로 계승한 것이다. 먼저 교환양식은 A, B, C, D 네 가지 유형으로 분류된다.

교환양식A: 증여와 답례의 호수교환

교환양식B: 복종과 안전의 교환

교환양식C: 상품교환

교환양식D: A의 고차원적 회복

사회구성체의 역사를 교환양식에서 바라볼 경우 모든 사회구성체는 네 가지 교환양식의 접합으로 이루어져 있다. 다만 그것들 가운데 어떤 교환양식이 지배적인가에 따라서 사회구성체 자체의 성격과 면모가 달라진다.

국가 이전의 씨족사회에서는 교환양식A가 지배적이다. 국가사회에서는 교환양식B가 압도적인 것으로 나타난다. 근대 자본제사회에서는 교환양식C가 군림하지만 이전의 교환양식A와 B가 변형된 형태로 그대로 존속한다. 그 결과 근대에 와서 '자본=네이션=국가'라는 접합체가 형성된다. 네이션과 국가는 교환양식A와 B가 각각 변형된 모습이다. 이것을 넘어서는 것이 교환양식D다. 교환양식D는 A, B, C와 달리 이념적인 것이다. D는 역사 속에 항상 있지만 D가 지배적인 사회는 여태껏 존재한 적이 없기 때문이다. 다른 세 가지 교환양식은 인류사에서 지금까지 번갈아가며 사회구성체의 주역이 되어왔지만 D만은 세계사 속에서 주역의 자리를 차지한 적이 단 한 번도 없었다.

교환양식C가 독점적으로 자리 잡은 세계를 이매뉴얼 월러스

틴^{Immanuel Wallerstein} 같은 역사학자는 '근대세계시스템'이라 부르기도 했다. 가라타니는 근대세계시스템을 넘어서는 새로운 시스템을 제안한다. 그것은 교환양식D에 의해 구성되는, 전례 없는 세계시스템이다. 칸트가 창안했던 세계공화국이 바로 이것이다. 세계공화국이란 "교환양식D가 실현되는 사회"다.[33]

세계공화국은 기존 국가들 간의 경쟁과 패권주의가 아닌, '증여의 윤리'에 기초한 글로벌 커뮤니티를 의미한다. 가라타니는 근대세계시스템(자본=네이션=국가)을 넘어서는 새로운 세계시스템은 '증여의 원리'에 의해 성립되어야 함을 강조한다. 증여는 군사력이나 경제력보다 강한 '힘'으로서 작용하기 때문이다. 증여로 인해 타자에 대한 감각이 실질적으로 변해갈 것이고, 그러한 감각의 변화가 글로벌 커뮤니티의 도래를 가능하게 한다는 것이다. "증여의 연쇄적 확대에 의해 창설되는 평화상태가 세계공화국"이다.[34]

증여의 윤리에 의해 구현되는 글로벌 커뮤니티는 소속 국가나 공동체의 경계를 넘어서 자유로운 이동이 가능한 '개인들의 연합체'를 나타낸다. 말하자면 세계공화국의 중핵에 '자유로운 개인'이 위치해 있다는 것이다. 소크라테스처럼 단독성에서 보편성으로의 이행이 가능한 개인, 그러한 개인의 결의와 결단이 전제되지 않는다면 세계공화국은 존재하기 어려울 것이다.

15

장미,
이름으로 다 포괄할 수 없는 깊이

/

생각 없음, 가벼움, 깊이의 부재가 우리 시대의 진정한 얼굴 아닌가? 이 얼굴은 심사숙고할 만한 가치가 있는 것과의 관계 설정을 매우 어려워한다. 요즘 주류이자 트렌드로 자리 잡은 것을 한마디로 말하자면 '얄팍함', '깊이 없음'이라고 할 수 있다. 이런 트렌드의 한가운데서 불만 섞인 한마디를 내뱉는다면 그것은 곧 '참을 수 없는 존재의 가벼움'일 것이다.

깊이 없음의 시대를 살아가면서 '깊음'에 대해 잠시 생각해보자. 깊은 것은 깊은 강이나 깊은 골짜기에만 있는 것이 아니다. 그것은 사람의 마음과 생각, 지식에도 있고, 기술이나 예술에도 자리하며, 문화와 문명에도 존재한다. 인간의 삶과 삶터에는 물론이고 삼라만상에 스며들어 있는 것이 깊어짐의 오묘함이다. 자유, 평등, 공정, 인권 같은 가치도 깊어져야 비로소 갖춰지는 것이다. 개인의 삶부터 공동체의 존속에 이르기까지 깊음의 역능이 작용하지 않는 곳은 없다. 그런데 언제부터인지 깊음은 우리에게서 점점 더 멀어지고 있다. 왜 그럴까? 얕음과 저속함이 깊음과 심오함을 자꾸만 밀어내고 있기 때문이다. 시종일관 깊이 없고 얄팍한 대화로 차고 넘치는 방송매체의 각종 프로그램은 우리 사회에서 깊음을 꾸준히 축출하는 데 일등공신 역할을 하고 있다.

깊음은 당장 이익을 낼 수 있다거나 즐거움을 주지 못한다. 돈도 되지 않고 재미도 없으니 깊이 같은 것은 없어도 그만이다. 깊음을 갖추기 위해서는 시간과 노력이 꽤나 많이 든다.[35] 경쟁, 성과, 효율을 중시하는 사회에서 깊음이 깃들 곳은 없다. 게다가 사람들은 '이미지'가 되라는 사회적 강압에 시달려서 그런지 '보여주기'만을 맹목적으로 추종한다. 모든 것은 눈에 보이는 한에서만 의미와 가치를 얻는다. 이래저래 깊음은 우리네 일상에서 밀려날 수밖에 없는 실정이다. 과연 깊음을 이렇게 멀리만 해도 괜찮은 걸까? 눈에 보이는 것만 보지 않고, 당장 이익이 되는 것만 생각지 않기 위해서도 깊어짐은 선택이 아니라 필수다. 인간의 품격도 내면의 깊어짐에 비례한다.

그렇다면 깊음은 어디서 어떻게 얻어질까? 무엇보다 책이 깊어짐을 일깨운다. 흔히 책을 지식을 얻는 도구나 지침서로 이해하지만 사실 책은 인간의 존재 양식이다. 철학자 엠마누엘 레비나스Emmanuel Levinas는 책의 존재론적 성격을 제대로 알아야 한다고 주장한다. 그에 따르면 책을 읽는다는 것은 "현실을 넘어서는 것이며, 우리 자신에 집착하는 데서 벗어나는" 것이다.[36] 말하자면 '초월의 가능성'을 열어주는 것이 책의 존재론적 의미다. 문학작품은 인간 삶이 의미를 얻기 위해 꼭 이야기되어야 할 중요한 것들로 가득 차 있다. 또한 다양한 해석을 통해 그 심오함이 드러나도록 하는 개방된 형태의 이야기책이 문학작품이다. 얄음, 가벼움, 저속함이 만연한 일상에서 깊음과 심오함을 우리 곁에 다시 가져다 줄 문학작품 한 편을 지금부터 소개하고자 한다.

이탈리아 볼로냐대학교 철학교수 움베르토 에코Umberto Eco는 1980년 자신의 첫 소설《장미의 이름Il nome della rosa》을 세상에 내놓았다. 방대하고 난해한 작품임에도 불구하고 이 책은 출간되자마자 유럽 독서계를 순식간에 사로잡았다.

중세 수도원을 배경으로 '진리'를 선취하려는 인간들의 욕망이 빚어내는 암투와 갈등이 작품 전체를 꿰뚫는다. 단순한 추리소설 형식 배후에 도사린 철학적 깊이와 신학적 근간은 저속한 물질주의에 지쳐버린 당대 유럽인들의 의식을 쉽게 사로잡았다. 저자의 해박한 인문학 지식과 깊은 문헌학적 통찰력은 마치 거대한 미로 구조의 도서관과 같은 이미지를 소설에 각인시킨다. 이 작품이 주는 의미는 과연 무엇이며, 우리 현실과 어떤 연결점이 있는지 찬

찬히 살펴보기로 한다.

　1327년 11월 오스트리아 멜크 수도원의 젊은 수련사 아드소는 영국 출신의 프란치스코회 수도사인 스승 윌리엄과 함께 이탈리아의 아페닌 산맥 중앙부 기슭에 위치한 베네딕트회 수도원을 방문한다. 그 수도원은 방대한 장서를 보유한 유서 깊은 도서관이 자리한 곳이기도 하다. 그들의 방문 목적은 교황 요한 22세의 사절단을 그 수도원에서 영접하고 황제 루트비히 4세의 교회개혁 의지를 전달하기 위함이었다. 그런데 수도원에 도착하자마자 두 사람은 높은 담벼락 아래로 추락한 젊은 수도사의 의문스런 죽음에 직면하고 수도원장은 윌리엄에게 사인을 밝혀달라고 요청한다.

　박식하고 명석한 윌리엄은 수도원장의 간청에 따라 사망 사건의 실마리를 풀어보고자 시도하지만 또 다른 수도사들의 연이은 죽음을 겪으며 사건은 미궁에 빠져든다. 중세판 셜록 홈즈 같은 인물인 윌리엄은 마침내 수도사들의 기이한 죽음이 수도원 도서관에 소장된 어떤 책과 연관이 있다는 사실을 간파한다. 죽은 수도사들의 몸을 조사해보니 그들 중 일부의 혀끝이 새까맣게 변색되어 있었고 사망 원인이 독극물에 의한 것이라는 점이 확인된다.

　수도원 도서관의 내밀한 장소에 수도사들이 결코 읽어서는 안 되는 책 한 권이 숨겨져 있었다. 그 문제의 서적이 장서관에 드나들던 몇몇 수도사들에 의해 우연히 발견되자 누군가 책의 오른쪽 아래 모서리에 독을 묻혀 두었다. 손가락 끝에 침을 묻혀 책장을 넘기면서 키득거리며 그 책을 탐독하던 수도사들은 불경스러운 웃음의 값을 죽음으로 지불해야 했던 것이다.

그 서책은 다름 아닌 그리스 철학자 아리스토텔레스가 저술한 《시학》 제2권의 마지막 필사본이었다. 아리스토텔레스의 《시학》 제1권이 '비극론'이라고 한다면, 제2권은 '희극'에 관한 것으로 '인간의 웃음'을 주제로 다룬 책이었다. 아리스토텔레스는 원래 《시학》 1권과 2권 모두 저술했다고 알려져 있지만 지금 우리에게 전해진 것은 비극에 관한 책밖에 없다. 저자 자신이 1권에서 희극에 대해서도 나중에 서술하겠다고 언급하고 있지만 희극론은 오늘날 남아 있지 않다.

《시학》 2권은 언제when, 어딘가에서where, 어떤 이유why로 세상 바깥으로 사라졌을 수도 있다. 무슨 일이 있었던 것일까? 움베르토 에코가 소설가로서 개입하는 곳이 바로 이 지점이다. 아리스토텔레스가 남긴 웃음에 관한 저작이 정말 유실되었다면 그 시기는 아마도 종교적 독단과 광신이 맹위를 떨치던 중세 암흑기였을 것이라는 작가의 상상력이 소설 《장미의 이름》을 탄생시킨 것이다.

도서관 보조사서관 베렝가리오가 어느 날 그 서책을 우연히 발견하고 평소 지적 욕구에 불타던 젊은 수도사 아델모에게 그 진귀한 책을 미끼로 동성애를 강요한다. 아델모는 자신이 저지른 타락 행위 때문에 죄책감을 못 이겨 수도원 담벼락에 올라가 아래로 몸을 던진다. 그 사건 이후 서책의 비밀이 누설되는 것을 막기 위해

독이 발라졌고 그 사실을 전혀 모른 채 책에 손을 댄 수도사들이 하나 둘 차례로 죽음을 맞게 되었던 것이다.

윌리엄의 탁월한 분석과 명석한 판단에 의해 미스터리의 전모가 드러나면서 사건 배후의 인물은 수도원 최고 지성이자 원로인 호르헤 신부로 밝혀진다. 젊은 시절에 호르헤는 자신의 고향 스페인을 방문하여 그곳에서 수도원 장서관용 도서들을 확보하던 중 우연히 세상에 마지막으로 남겨진 《시학》 제2권의 귀중한 필사본을 손에 넣어 수도원으로 가져왔다.

아리스토텔레스에게 '웃음'은 인간이 '선'을 행하는 하나의 방법이었다. 하지만 자연스러운 웃음을 최악의 이단적 행위로 간주했던 호르헤는 웃음을 공식적으로 인정한 《시학》 제2권이 세상에 널리 알려지는 것이 두려웠다. 사소한 웃음에 그와 같은 심각한 의미가 부여되는 이유는 당대의 종교 질서 및 규범과 관련이 있다. 웃음의 금지와 엄숙함의 강제는 중세 교회의 권위와 권력을 유지하고 강화하는 수단이었다. 웃음을 인정한다는 것은 교회와 교리가 인간의 이성과 감성을 억제하지 않고 허용한다는 의미를 갖는다. 그렇게 되면 독단적 진리에 갇혀 있던 암흑시대에 인간 이성이 그 진리에 대해 의구심을 가질 수 있는 엄청난 일이 발생할 수 있다. 그래서 호르헤는 미로구조를 가진 도서관 장서관 깊은 곳에다 그 책을 수십 년간 은밀하게 감추어두었던 것이다.

호르헤의 맹신에 따르면 인간은 원죄를 범한 죄인이기 때문에 절대로 웃어서는 안 된다. 인간은 전능한 신 앞에서 항상 엄숙하고 진지하게 처신해야 함이 마땅한데 경박한 웃음은 그로 하여금 죄인으로서 자신의 처지를 망각하게 하고 신에 대한 경외심을 사라지게 한다. 웃음은 인간을 두려움에서 벗어나게 하고, 두려움이 없다면 신의 존재도 필요 없게 된다고 호르헤는 역설한다. 아리스토텔레스와 같은 저명한 철학자가 저술한 웃음에 관한 저작은 당연히 금서로 봉인되어질 수밖에 없었고, 심지어 수도사들의 접근을 막기 위해 독약까지 발라졌던 것이다.

감추어졌던 모든 사실이 밝혀진 다음 윌리엄과 아드소는《시학》2권을 구하기 위해 미궁의 장서실에 잠입하고 그곳에서 마주친 호르헤와 치열한 신학적 논쟁을 거쳐 일대 격전을 벌인다. 엎질러진 등잔으로 인해 타오르는 불길 속에서 호르헤는 그 책을 빼앗기지 않으려고 악마의 모습으로 책의 쪽들을 이빨로 물어뜯어 씹어 삼킨다. 무너지는 불기둥들 속으로 문제의 희극론과 호르헤의 존재는 사라지고 아드소와 윌리엄은 화염에 휩싸인 장서관을 가까스로 탈출한다.

에코의《장미의 이름》은 중세 수도원 수도사들의 의문의 죽음을 둘러싸고 7일 동안 벌어진 사건들을 만년에 죽음의 문턱에 이른 늙은 수도사 아드소의 회고록 형식으로 서술하고 있다. 이 작품은 수도원 안에 깊숙이 감추어진 수수께끼를 파헤치는 단순한 추리소설이 아니다. 우선 작품에 등장하는 상당수의 캐릭터들은 우리에게 잘 알려진 실제의 또는 가공의 인물들을 닮고 있다. 키가 크고 여윈 윌리엄은 영국 명탐정 셜록 홈즈, 아드소는 홈즈의 충실한 심복이자 동반자인 왓슨 박사, 그리고 원로 수도승 호르헤는 아르헨티나 작가 호르헤 루이스 보르헤스Jorge Luis Borges와 유사하다. 두 호르헤 모두 눈먼 장님들이며 보르헤스의 유명한 단편소설 〈바벨의 도서관〉에서도 역시 미로구조 장서관이 등장하고 그곳에 소장된 진귀한 책 한 권이 작품의 주제와 직결된다. 그밖에 소설에서 전개되는 사건들과 동시대 인물인 단테가 《신곡》을 동료 플로렌스인들로 가득 채운 것과 마찬가지로 에코도 전후 이탈리아 정치계의 실제 인물들을 작품에 다소 각색된 모습으로 출현시킨다.

또한 기존의 탐정소설에서 기대할 수 있는 사건의 명확한 결말을 에코의 작품에선 확인하기 어렵다. 윌리엄은 수도원의 비밀을 풀고 사건을 해결하지만 그 역시 수수께끼를 파헤치는 자신의 단호함이 야기한 화염으로 인해 아리스토텔레스의 귀중한 저작을 파괴하는 데 동조한다. 아드소의 눈에는 수도원 성직자들이 신의 자식들인지 악마의 후손들인지 뚜렷이 구별되지 않는다.

그러한 애매모호함은 소설의 주제에 대한 접근을 오히려 용이하게 한다. 《장미의 이름》은 '불확실성'이란 주제를 부각시킨다. 인간이 처해 있는 현실의 모든 것은 불확실하다. 인간 존재도 불완전하다. 그럼에도 불구하고 독단과 맹신은 불확실성을 외면한 채 단 하나의 진리만을 절대적이고 불변적인 것으로 신봉하면서 여타 진리 내지 신념을 쉽게 부정하기 마련이다.

호르헤가 《시학》 제2권을 두려워한 것은 그 책이 독단적 진리의 얼굴을 일그러뜨리는 방법을 가르쳐줄 수 있기 때문이었다. '진리에 대한 아집과 집착에서 벗어나 자신을 해방시키는 것이야 말로 궁극적인 진리가 될 수 있다'는 윌리엄의 주장은 호르헤의 광신적 독단주의와 첨예한 대조를 이룬다.[37] 웃음을 인간다움의 자연스러운 편린으로 여겼던 지난 시대의 패러다임을 부정하고 미소 없는 신앙을 구현하고자 했던 호르헤는 (눈먼 장님으로서의 육체적 결함이 암시하듯) 닫힌 마음과 닫힌 영혼의 전형으로 묘사된다.

우리 시대와 너무나 동떨어져 있고 우리의 희망 내지 확신과는 아무 상관없어 보이는 중세 수도원에서 일어난 사건을 다룬 《장미의 이름》은 21세기를 살아가는 현대인들에게 어떤 지혜를 전달하고자 할까? 에코는 우리가 살아가는 현대가 700년 전의 중세와 결코 다르지 않다고 말한다. 하나의 패러다임이 '진리'의 이름으로, '이념'의 이름으로 여타 패러다임을 거부하고 부정할 수 있는 절대적 근거는 존재하지 않는다. 니체에 따르면 이 세상에는 절대적 진리가 아니라 진리에의 의지만이 '절대적으로' 존재한다. 하나의 진리만을 내세우며 다른 진리를 부정하거나 제압하려는 '절대적 의지'만이 있다는 것이다. 니체에게 진리 의지란 '권력 의지'의 단순한 변종에 지나지 않는다. 호르헤는 그야말로 진리 의지로 철저하게 무장한 인물임에 틀림없다.

인간의 불완전성과 현실의 불확실성이 요청하는 것은 다른 것을 승인하고 포용할 수 있는 열린 마음의 관대함일 것이다. 이를 실천할 수 있는 첫 걸음은 호르헤가 그토록 사로잡혀 있던 그 진리를 비웃는 것이 아닐까? 인류를 사랑한다면 진리를 숭배하라고 강요할 것이 아니라 '진리에 대해 비웃고 진리 때문에 웃게 할 수 있어야' 한다. 이는 윌리엄의 생각이긴 하지만 진리에 대한 작가 자신의 견해로도 들린다.[38]

한국 사회에서 '왕따'라는 괴상한 표현이 한동안 크게 유행한 적이 있다. 왕따는 학교, 직장 등 여러 사람들이 함께 하는 곳에서 따돌림을 당하는 특정 인물을 지칭하는 말이다. 물론 따돌림은 우리 사회에만 국한된 현상은 아니다. 타인에 대한 배려가 부재한다면 어느 사회에서든 왕따는 양산될 수 있다. 누군가 타인의 현실에 대해 지나치게 무관심하거나 둔감할 때, 타인에게 어떤 아픔을 줄 수 있는지에 대해 조금의 염려도 없이 함부로 말하거나 행동할 때 왕따는 언제든지 발생한다.

사회 전반에 걸쳐 만연한 혐오, 무질서, 도덕불감증 등 이 모든 문제는 다른 사람에 대한 소소한 배려의 부재에서 시작된다. 영국 작가 아이리스 머독Iris Murdoch에 의하면 '사랑은 자신 이외에 다른 것도 리얼real하다는 것을 어렵사리 깨닫는 것'이다. 사랑이나 윤리가 그토록 어려운 깨달음이라면 그 이유는 무엇일까? 타인은 내 존재에 침투하는 하나의 상처와도 같아서일까? 그렇다면 윤리와 사랑은 인간 본성(이기심)에 대한 일종의 폭력 같은 것이기도 하다. 윤리, 그것은 "타자의 얼굴에 의해 나의 본성을 재검토하는 행위"이다.[39]

작품의 제목이 왜 '장미의 이름'일까? 소설에는 장미꽃 한 송이도, 장미와 관련된 인물 내지 사건도 일체 등장하지 않는다. 독자들은 책을 읽는 내내 왜 제목이 '장미의 이름'인지 의문을 가질 것이다. 그런데 책 제목과 유일하게 연결되는 라틴어 한 구절이 방대하고 심오한 서사의 맨 마지막을 장식한다. "지난날의 장미는 이제 그 이름뿐, 우리에게 남은 것은 그 덧없는 이름뿐stat rosa pristina nomine, nomina nuda tenemus."[40] 대체 무슨 뜻일까?

저명한 기호학자이기도 했던 움베르토 에코가 《장미의 이름》 독자들에게 궁극적으로 전하고자 하는 메시지는 이런 것이 아닐까? "장미는 단지 이름일 뿐이다." 작가는 한 시대를 장악했던 진리도, 배타적 이념도, 편을 가르는 진영 논리도 결국 돌이켜보면 '덧없는 이름'에 불과하다고 말하는 듯하다.

진리, 이념, 진영이 '집단화'를 추동하는 또 다른 '이름'에 지나지 않는다면, 에코는 그 헛된 이름 뒤에 감추어진 '개별적 존재'가 자리하는 깊은 곳을 환기한다. 에코는 'nomen(이름)'이라는 단어가 'nomos(법)'에서 유래했다고 설명하면서 nomina(이름)이 그저 사람들의 placitum(약정)에 따라 부여된 것일 뿐이라고 말한다.[41]

결코 이름으로 환원될 수도, 규정될 수도 없는 존재의 개별성, 그 대체 불가능한 유일성에 대한 심오한 성찰을 제안하는 것도 이 소설이 지닌 미덕의 하나다. 셰익스피어가 《로미오와 줄리엣》에서 쓴 줄리엣의 발코니 대사로 마무리 짓고자 한다. "이름이란 뭐지? 장미는 다른 이름으로 불러도 향기롭긴 마찬가진데."

비대면 시대의 길목에서
마주하는 인간의 얼굴

토성을 지나간 후, 마지막으로 지구를 향해 카메라를 되돌린 보이저Voyager가 찍은 한 장의 사진이 있다. 그 사진 속의 지구는 무한한 우주공간 속에서 분별하기 어려운 하나의 점에 불과하다. 하지만 그 엷게 빛나는 '창백한 푸른 점'은 인간의, 인간에 의한, 인간을 위한 모든 것이 집결된 장소이기도 하다. 우주의 어둠에 둘러싸인 그 작은 티끌 위에서 인간은 도대체 어떻게 살아온 것일까? 이 광활하고 막막한 우주공간 속에서 "우리의 미천함으로부터 우리를 구해내기 위한 외부의 도움이 나타날 징조는 하나도 없다"고 칼 세이건Carl Sagan은 말한다.[1]

　프랑스 철학자 뤽 페리Luc Ferry는 인간이 자신의 미천함에서 스스로를 구원할 수 있는 도움의 손길을 외부가 아닌, '인간' 안에서 발견해야 한다고 주장한다. 그 도움의 손길은 스스로를 '초월'할 수 있는 어떤 내재적 능력을 가리킨다. 이 지구상의 다른 어떤 생명체도 보유하지 못한 이런 초월의 능력은 인간 존엄성의 근거이기도 하다. 칸트는 인간에 내재한 초월의 능력을 **자유**라는 개념으로 포착했다. 칸트에 의하면 자유는 주관적 이해관계를 벗어날 수 있는 능력이자 모든 타율적 원리에 맞설 수 있는 힘이다.

생물학적 환원주의에 따르면 '초월성'은 순수한 환상이고 종교적 발명품에 지나지 않는다. 인간은 다른 생명체들과 마찬가지로 자신의 행위 주체도 사유 주체도 아닌, 모든 면에서 자연에 예속된 하나의 생존기계에 불과하다. 하지만 자연의 원리에 맞설 수 있는 무한한 능력이 자유라고 말한 칸트의 그 '자유'와 함께, 초월성과 실존ek-sistence은 분명 '인간의 인간성'을 규정할 수 있는 개념들이다.[2]

인간은 삶의 의미를 어디서 얻을 수 있을까? 페리는 **휴머니즘**만이 삶의 의미를 확보할 수 있다고 단언한다. "의미는 인간 대 인간의 관계 안에서만, 그리고 두 의지를 서로 연결시키는 관계 안에서만 존재"하기 때문이다.[3] 휴머니즘은 인간 안에 뿌리 내린 초월성에 접근할 기회를, 인간이 진정 인간다울 수 있는 기회를 역사상 처음으로 공급해주고 있다. 이는 외재적 초월성이라는 종교적 범주를 인간적 토대 위에서 재정립하려는 시도라는 것이다.

근대 이전의 세계에서 인간은 자연·종교·신분 질서 안에 감금되어 있었다. 질서는 인간이 누릴 수 있는 자유의 범위를 제한했지만 세계 속에서의 그녀 또는 그의 위치를 정해주고 삶에 의미, 가치, 목적을 부여했다. 전근대적 세계에서 자기보존의 의미는 그 질서에 순응하면서 자신의 삶을 영위하는 것이었다. 근대에 이르면 자기보존 개념은 질서 체계에서 완전히 벗어난다. 인간은 생물학적 차원으로 되돌아감과 동시에 자기보존만을 염려하게 되는 것이다.

하지만 근대는 **얼굴과 얼굴이 마주하는 시대**이기도 하다. 자신의 조건에서 해방된 인간은 신분·계급에 의해 규정되는 인간보다 훨씬 더 맞서기가 어렵다고 핑켈크로트는 지적한다. 왜일까? 그것은 인간이 돌연 '얼굴'을 갖게 되면서 서로에 대해서 책임을 지지 않으면 곤란해지게 되었기 때문이다.[4] 인류 역사에서 광인의 소외는 그들의 특이성이 더 이상 당연시되지 않으면서 발생했다. '인간 이외'였던 광인이 **'다른 인간'**으로 인식되었기 때문이다. 광인이 야기하는 불편함과 그에 대한 책임감에서 정신병원이 탄생했다. "정신병원은 광인을 책임지려는 배려와 광인으로부터 도망가려는 타협의 산물"인 것이다.[5]

이처럼 근대는 엠마누엘 레비나스가 말했던 '얼굴'이 출현하는 역사적 현장이다. '맥락이 없는 의미'로서의 얼굴이 나타나는 시점이 근대이고, 그 얼굴의 기원은 1789년 프랑스 '인권선언'에 기입되어 있다. 이 선언은 인권이 "인간 그 자체로서의 인간성에 내재해 있다"고 명시한다.[6] 뤽 페리는 인간이 진정 인간다울 수 있는 계기를 마련한 인권선언에 주목한다. 그는 인간이 초월적 존재가 아니라면 인간이 될 수 없다고 확신한다. 자율, 이성, 사랑은 자기보존의 강박에 맞서는 초월의 능력이자 인간 존엄의 근거라는 것이다. 인간은 자율에 의해서만 진정한 인간으로 거듭난다. 타율은 인간의 비인간화를 초래할 뿐이다. 사랑은 삶에 의미를 부여하는 특별한 장이다. 이성은 어떤 제약과 구속에서도 인간이 자유로울 수 있는 능력이다.

인간의 인간성은 '개별화'에, 즉 모든 소속관계에서 자유로운, 모든 분류에서 벗어난 존재 속에 있다는 것을 휴머니즘은 일깨워준다. 인간성 속에서 파악된 타인은 어떤 일정한 개념이나 수식어로 규정되지 않는다. 어딘가에 포섭되어 정체성이 부여된 존재로 나타나지 않기 때문에 그녀 또는 그는 완전히 이타적인 존재로 보인다. "사람들이 서로를 평등한 존재로 대할 때 성립하는 닮은 자의 경험은" 논리적인 것이 아니고 인식의 차원에 속하지 않는다는 점에서 "근본적인 이타성의 경험"이다.[7] 상대방에 대한 습관적 인식은 타인의 근원적 이타성을 알지 못한다. 이타성은 얼굴이며, 그 얼굴은 맥락이 없는 의미이고, "그것은 당신의 생각이 끌어안으려 하는 내용이 될 수 없는 것, 수용할 수 없는 것, 당신을 그 너머로 이끌어 가는 것"이다.[8] 얼굴은 자기보존에의 집착에서 벗어나게 해주는 것이며, 얼굴과의 관계는 **윤리적인 것이다.**

한나 아렌트가 우려했듯이, 인간 존재는 다윈 이래 동물에서 유래한 것으로 알려져 있지만 이제 다시 동물로 변신하려는 중일지도 모른다.[9] 우리는 시간이 지날수록 성능이 나아지는 각종 신제품들을 끊임없이 구입하기 위해서 살고 있는 것은 아니다. 돈, 권력, 상품은 욕망의 대상은 될지언정 삶에 의미를 제공하는 공급원일 수는 없다. 현대적 삶의 조건들이 아무리 **인간성**을 거부하고 단순한 생물학적 존재로의 퇴락을 강요하더라도 우리는 의미 문제를 완전히 외면하고 살 수 없다. 우리 자신이 **인간**이기 때문에 의미 문제에서 결코 자유로울 수 없는 것이다. "절대적 니힐리즘이 자신의 법을 확립할 수 있는 것은 얼굴이 없는 세계에서뿐"이다.[10] **얼굴이 없는 세계에서는 모든 것이 가능하다.** 모든 것, 즉 '한계를 넘는 것'이 가능해지는 것이다. 20세기의 아우슈비츠에서 그랬던 것처럼.

지금의 사회경제시스템은 '얼굴이 없는 세계'로 나아가고 있다. 코로나19 감염사태가 그런 추이를 가속화시켜 그 세계로의 진입이 훨씬 앞당겨진 것처럼 보인다. 이런 시대적 국면에서 점차 잊혀가는 '삶의 문법'은 무엇일까? "죽은 자의 감겨진 눈은 자신의 내면을 응시하고 있다"고 시인 릴케R. M. Rilke가 말한 적이 있다.[11] 〈시체 공시장〉이라는 시에서 릴케는 파리 뒷골목을 배회하다가 우연히 마주친 연고자 없는 시체들의 공개현장에 널려 있는 죽은 이들의 모습을 생생하게 그려낸다. 시인은 죽음에서 '내면에의 천착'을 목도한다. 죽음은 '관계의 단절'이자 스스로에 대한 '지향의 완결'이다.

살아 있을 때 '관계' 속에 있던 인간은 '죽음'에서 자신에게 되돌아간다. 죽음의 사건은 인간 개체의 '절대적 유일성'이 확인되는 순간이다. 이는 살아 있는 동안에는 불가능했던 자신과의 완벽한 '화해'를 보장해주는 형이상학적 계기다. 주체성의 절대적 구현이 죽음에서 비로소 가능하다는 것은 인간 존재의 기이한 역설이다. 그렇다면 '살아 있음'은 무엇을 의미하는가? 삶은 언제나 관계에서 면제될 수 없다. 살아 있음이 관계 속에 있는 것이라면 삶의 문법은 '관계'가 아닌가.

'관계' 없는 삶을 상상할 수 있을까? 관계를 벗어나서 존재할 수 있는 인간은? 관계는 삶의 문법이자 인간 조건이기도 하다. 인간다운 인간을 만드는 것도 관계이고, 삶의 의미와 무의미도 관계 속에서 결정된다. 산다는 것이 선택의 연속 과정이라면 그 선택도 관계 속에서 이뤄지는 것이다. 자유, 평등, 정의와 같은 가치들도 관계 속에서 추구되고 발현된다. 사랑, 질투, 증오, 즐거움, 행복, 고통, 슬픔, 두려움을 포함해서 모든 인간적인 관심사를 쏟아내는 관계의 보따리는 생존과 번식을 위한 생물학적 차원으로 환원되지 않는다.

'윤리'는 무엇일까? 윤리는 삶에 안겨지는 무거운 짐이 아니라 그 삶을 가능하게 하는 관계의 '문법'이다. 왜 그런가? 윤리란 관계 자체를 '지향'하기 때문이다. 인공지능이나 로봇이 '관계'에 끼어들 수 없는 이유가 바로 여기에 있지 않을까?

플라톤의 《심포지엄》에 초대받은 희극작가 아리스토파네스Aristophanes는 '사랑의 기원'에 관한 우화를 들려준다.[12] 사랑은 잃어버린 어떤 것에 대한 그리움이자 잃어버리기 이전의 어떤 상태를 되찾으려는 회복운동이다. 사랑한다는 것은 인간의 완전한 본성을 복구하려는 작업이며 그 완전성을 추구하려는 욕망이 '에로스'다. 그런데 이 우화는 인간관계의 연원에 대해서도 알려준다. 완전성과 단일성은 '관계' 이전의 모습이다. 관계는 언제나 존재하는 것들 사이의 분리와 간극을 전제하기 때문이다. 요컨대 인간관계는 완전성의 결핍에서 추구되는 것이며, 결핍의 존재로서 인간은 관계를 열망하기 마련이다.

《마르크스의 유령들》에서 자크 데리다Jacques Derrida는 '마지막으로finally' 사는 법을 묻는다. 그는 사는 법을 배운다는 것은 "오직 타자로부터, 죽음을 통해서만" 가능하다는 사실을 일깨운다.[13] 산다는 것은 '타자'와 '죽음'을 마주하는 한에서만 의미를 지니고 정의로울 수 있다는 것이다. 데리다에게 '마지막으로 사는 것'은 유령과 함께 사는 것이기도 하다. 유령은 우리 주변에 분명 존재하지만 그 모습은 보이지 않는 '비가시적 존재'를 가리킨다. 사회에서 배제되거나 차별받는 소외계층, 비정규직 근로자, 이주노

동자 등이 유령의 계열에 속한다. 인간 삶의 문법이 '관계'이고, 그 관계의 문법이 '윤리'라고 했다. 그렇다면 데리다의 '유령'은 레비나스의 '얼굴'과 마찬가지로 우리에게 이렇게 묻고 있지 않는가. "그대들, 어떻게 살 것인가?"

/ 주석 /

들어가는 글

1   들어가는 글의 제목 '그대들, 어떻게 살 것인가'는 1930년대 군국주의에 맞서 당대의 청소년들에게 진정한 인간다움을 안겨주기 위해 분투했던 일본의 지식인 요시노 겐자부로吉野源三郎의 동명의 책에서 빌려온 것이다. 이 책은 1937년 일본에서 출판됐을 당시 금서로 지정됐지만 80여 년의 세월을 훌쩍 넘어 오늘도 여전히 일본 독자들에게 사랑받고 있다. 미야자키 하야오는 이 책을 읽는 순간 "기억 속에 묻혀 있던 배선에 앗, 하고 전기가 통하는 느낌"이라 말했다고 한다. 인간다운 삶에 대한 명석한 통찰을 담고 있는 이 책을 바탕으로 미야자키 하야오의 아마도 마지막 작품이 될 장편 애니메이션이 현재 지브리에서 제작 중에 있다. 전체주의와 개인주의가 교차하는 시대의 한복판에서 개인적 삶의 경로는 어떠해야 하는지 안내하는 이 책의 미덕을 전하고자 '그대들, 어떻게 살 것인가'라는 질문을 들어가는 글의 제목으로 선택했음을 밝힌다.

2   미야자키 하야오, 〈'바람이 분다' 논란에 답하다(인터뷰)〉, 스타뉴스, 2013.08.30.

3   위의 기사.

4   미야자키 하야오, 〈'바람이 분다' 기획서〉, 2011.01.10.(http://www.ghibli.jp/kazetachinu/message.html) 참고.

5   〈'바람이 분다' 논란에 답하다(인터뷰)〉 참고.

6   町山智浩×切通理作, 〈宮崎駿の世界その3〉(2015.02.13.)(https://www.youtube.com/watch?v=39frhLJkRGg) 참고.

7   〈'바람이 분다' 기획서〉 중에서.

1장 개인주의란 무엇인가

1 로랑 티라르, 《거장의 노트를 훔치다》, 조동섭 옮김, 나비장책, 2007, 75쪽.

1 아리스토텔레스,《정치학》1권 2장, 천병희 옮김, 도서출판 숲, 2009, 21~22쪽.

2 가라타니 고진,《철학의 기원》, 조영일 옮김, 도서출판b, 2015, 75쪽 참고.

3 가라타니 고진,《트랜스크리틱》, 이신철 옮김, 도서출판b, 2013, 148~151쪽 참고.

4 가라타니 고진,《철학의 기원》, 195쪽과 201~202쪽 참고.

5 막스 호르크하이머,《도구적 이성 비판》, 박구용 옮김, 문예출판사, 2006, 171~172쪽.

6 《트랜스크리틱》, 150쪽;《철학의 기원》, 199~200쪽; 가라타니 고진,《가능성의 중심: 가라타니 고진 인터뷰》, 인디고 연구소 기획, 궁리출판, 2015, 41쪽과 45쪽 참고.

7 게오르그 짐멜,〈대도시와 정신적 삶〉,《짐멜의 모더니티 읽기》, 김덕영·윤미애 옮김, 새물결, 2005, 46쪽.

8 정수복,《한국인의 문화적 문법》, 생각의나무, 2012, 412쪽.

9 가라타니 고진,《트랜스크리틱》, 151쪽.

10 가라타니 고진,《세계사의 구조》, 조영일 옮김, 도서출판b, 2012, 217쪽.

11 리하르트 반 뒬멘,《개인의 발견 1500~1800》, 최윤영 옮김, 현실문화연구, 2005, 22쪽.

12 윌리엄 셰익스피어,《햄릿》, 최종철 옮김, 민음사, 2009, 75쪽.

13 야코프 부르크하르트,《이탈리아 르네상스의 문화》, 이기숙 옮김, 한길사, 2003, 201~202쪽.

14 위의 책, 208쪽.

15 위의 책, 205쪽.

16 가라타니 고진에 따르면 아테네의 '데모크라시'와는 전혀 다른 정치형태인 '이소노미아isonomia'가 그리스 본토의 식민지였던 이오니아의 도시들에서 성립될 수 있었던 것은 식민지 이주자들의 이동 가능성·유동성 때문이었다. 소속 공동체를 떠난 이주자들의 이동 가능성·유동성이 이소노미아라는 '무지배'의 정치형태를 가능하게 했다는 것이다. 가라타니는 소크라테스가 이오니아의 이소노미아를 복구시키려고 했기 때문에 아테네의 데모크라시에 위협으로 간주되었고 결국 사형선고를 받게 되었다는 흥미로운 주장을 내놓고 있다(《철학의 기원》, 39~42쪽, 53~59쪽 참고).

17 윤원근은 에밀 뒤르켐이 《사회분업론》(1893)에서 제시한 개인의 독립성과 효율적 분업 조직에 관한 논의에 준거해서 기독교의 초월적 신 개념이 어떻게 개인의 독립성을 가능하게 했는지를 설명하고 있다. "개인의 개체성과 독립성은 모든 특수한 대상으로부터 신성을 분리시키는 기독교 신 개념의 결과이다. 오직 기독교의 신만이 궁극적으로 (모든 대상을 포함하는) 공간을 초월하며, 그 결과 신성은 보다 추상적이고 일반적인 관념으로 변했다. 그리고 이와 더불어 법률 규칙과 도덕도 보편화되었다. 추상적인 신 관념과 보편적 도덕은 개인의 독립성과 자유를 위한 공간을 확대하면서 전통적인 집합의식을 약화시켰다. 뒤르켐은 집합의식이 항상 구체적인 대상을 신성하게 여기는 것과 밀접한 관련이 있다고 보았다." 여기서 집합의식은 신념 체계를 공유하는 특정 공동체의 폐쇄적인 유대감을 가리킨다(윤원근, 《동감신학: 기독교와 현대문명을 말하다》, 한들출판사, 2014, 193쪽).

18 밀란 쿤데라, 《소설의 기술》, 권오룡 옮김, 민음사, 2013, 218쪽 참고.

19 위의 책, 224쪽 참고.

20 이언 와트, 《근대 개인주의 신화》, 이시연·강유나 옮김, 문학동네, 2004, 15쪽 참고.

21 위의 책, 324쪽.

22 위의 책, 13쪽.

23 위의 책, 394쪽 참고.

24 밀란 쿤데라, 《소설의 기술》, 218쪽 참고.

25 리하르트 반 될멘, 《개인의 발견 1500~1800》, 260~272쪽 참고.

26 코스모스 개념은 "조화롭고 질서가 잡힌 우주의 관념에 그 바탕을 두고 있었다. 그런데 우주의 중심에 무거운 지구가 안정되게 정지해 있고 그 주위에 하늘과 천체들이 돌며 가장 바깥에 신의 세계가 있는 이런 조화로운 우주구조는 우주구조로만 그치지 않았다. 사람들은 자연에서 본 이런 관계와 조화를 그대로 인간 사회에 투영시켜서 국가 형태, 사회구조 등에서도 그것들을 찾아내었다. 즉 지상계-천상계-신의 세계로 3분화된 우주구조와 결부되어서 … 인간-교회-신, 왕-교황-신, 평민-귀족-왕 … 등의 여러 사회구조가 모두 이처럼 3분화된 체제에 들어맞았다. 따라서 조화롭고 잘 짜인 3분화된 우주관은 사회의 모든 구조와 구성원이 제각기 제자리가 있고 서로 조화를 유지하는 3분화된 구도에 들어맞았던 것이다"(김영식, 《과학혁명》, 아르케, 2001, 23~24쪽).

27 위르겐 하버마스, 《의사소통행위이론 1권: 행위합리성과 사회합리화》, 장춘익 옮김, 나남출판, 2007, 564쪽.

28 리하르트 반 뒬멘의 《개인의 발견 1500~1800》은 16~18세기 유럽에서 다양한 형태로 분출된 개인화 과정에 대한 상세한 검토와 분석을 제공하고 있다.

29 위의 책, 217~218쪽 참고.

30 제이콥 브로노우스키, 《과학과 인간 가치》, 우정원 옮김, 이화여대출판부, 1994, 72~73쪽 참고.

31 "과학자들은, 남성이나 여성을 막론하고, 어느 근대국가보다도 더 긴 생명을 가진 학자 모임을 구성하며, 동시에 이 학자 모임은 어느 교회보다도 더 변화하고 진화한다. 도대체 어떤 힘이 과학자들을 결속시키는가?"(위의 책, 77쪽) "과학자 사회는 … 정신의 통일성 속에서, 여타 다른 인간의 모임보다 더욱 심원하게 원칙의 공동체를 이루면서 지탱되어왔다."(제이콥 브로노우스키, 《과학과 인간의 미래》, 임경순 옮김, 김영사, 2011, 359~360쪽)

32 《문명전개의 지구적 문맥 II: 우리가 사는 세계》: 개정3판, 후마니타스칼리지 중핵교과 교재편찬위원회, 경희대학교출판문화원, 2014, 4쪽.

33 유발 하라리, 《호모 데우스: 미래의 역사》, 김명주 옮김, 김영사, 2017, 277쪽 참고.

34 위의 책, 307~308쪽 참고; 유발 하라리, 《사피엔스》, 조현욱 옮김, 김영사, 2015, 360쪽 참고.

35 제이콥 브로노우스키, 《과학과 인간 가치》, 94쪽.

36 위의 책, 94쪽.

37 '이동 가능성'은 '자유'를 의미한다. 태고의 유동적 수렵채집사회에서는 '이동 가능성=자유'가 '평등'을 가져왔다고 가라타니 고진은 주장한다. 요컨대 자유롭기 때문에 평등했다는 것이다. 가라타니의 주장은 '인간은 왜 자유와 평등을 강박적으로 추구하는가'라는 질문에 대한 답변이 되기도 한다. 현생 인류는 약 6만 년 전에서 1만 년 전 신석기혁명에 이르기까지 거의 5만 년 동안 유동민 생활방식을 유지하려고 했다(《세계사의 구조》, 441쪽 참고; 가라타니 고진, 《「세계사의 구조」를 읽는다》, 최혜수 옮김, 도서출판b, 2014, 161~162쪽 참고). 그로 인해 유동성 유전자 혹은 후성규칙 같은 것이 인간 안에 기입된 것으로 볼 수도 있다. 인류는 기후변화와 함께 부득이하게 정주를 했어도 유동 단계에 존재했던 상태를 씨족사회에서도 이어가려고 했다. 정주 생활에서 생산물의 축적이 이루어지고 소유가 발생한다. 계급분화와 지배의 가능성이 대두하자 계급분화 억제시스템으로 작용한 것이 '호수성(증여와 답례)'의 원리이며, 이 원리가 '의무화'되었다. 호수성 시스템으로 말미암아 계급분화가 억제되고 평등화가 유지되는 반면, 개인은 공동체에 귀

속된다. '자유'가 사라지고 '평등'이 확립되는 것이다. 호수제(교환양식A)는 유동성(자유)의 금지를 의미했다. 물론 때때로 '식민'을 통해 씨족사회에 유동성이 회복될 수는 있었지만 그렇지 않은 경우 씨족사회의 호수제는 유동민 사회에 존재했던 자유와 평등 두 가지 가운데 평등주의만이 회귀한 것이 된다. 이런 증여와 답례의 호수성 시스템은 적대적 집단과의 사이에 우호 관계를 형성함으로써 공동체를 유지하고 확대하는 원리로도 작용했다. 가라타니 고진의 논의는 '자유와 평등에 대한 추구가 왜 강박적인가'라는 물음뿐만 아니라, '개인은 공동체 안에서 왜 존재하기 어려운가'라는 질문과 관련된 답을 제공하고 있다.

38 칼 슈미트,《현대 의회주의의 정신사적 상황》, 나종석 옮김, 도서출판 길, 2012, 23~24쪽과 36쪽 참고.

39 가라타니 고진,《철학의 기원》, 42~43쪽 참고.

40 로베르 르그로, 〈근대적 인간의 탄생〉,《개인의 탄생: 서양예술의 이해》, 전성자 옮김, 기파랑, 2006, 113~114쪽 참고.

41 위의 책, 115~116쪽 참고.

42 임마누엘 칸트,《도덕 형이상학을 위한 기초 놓기》, 이원봉 옮김, 책세상, 2002, 93쪽.

43 게오르그 짐멜, 〈개인주의의 두 형식〉,《근대 세계관의 역사: 칸트·괴테·니체》, 김덕영 옮김, 도서출판 길, 2007, 115~128쪽 참고.

44 한나 아렌트,《예루살렘의 아이히만》, 김선욱 옮김, 한길사, 2006, 110쪽 참고.

45 임마누엘 칸트, 〈계몽이란 무엇인가에 대한 답변〉,《칸트의 역사 철학》, 이한구 옮김, 서광사, 2009, 16쪽.

46 위의 책, 16쪽 참고.

47 위의 책, 15쪽.

48 가라타니 고진,《세계사의 구조》, 332쪽과 376쪽 참고.

49 지그문트 프로이트, 〈Das Unheimliche.〉,《Gesammelte Werke. Band XII》, Fischer Verlag, 2006, 229쪽 참고.

50 아돌프 히틀러,《나의 투쟁》, 황성모 옮김, 동서문화사, 2014, 839쪽과 841쪽.

51 철학의 영역에서 이성은 세 가지 기능적 차원을 가진 것으로 알려져 있다. 이성의 세 가지 기능은 '비판적 기능, 도구적 기능, 의사소통적 기능'을 가리킨다. 옳고 그름을 판단하는 문제 제기와 논리적 추론의 근원은 이성의 비판적 기능에 해당한다. 이것을 칸트는 '이성의 공적 사용'이라 일컬었다. 반면에 어떤 목적을

달성하기 위해 최선의 수단, 기술, 해법을 모색하고 이를 효율적으로 적용하고 활용하는 것이 이성의 도구적 기능이다. 시장에서 이윤을 얻기 위한 전략적 행위도 이성의 도구적 기능에 의존한다. 의사소통적 기능이란 상호주관적 이해, 소통, 교감의 가능성을 열어주는 이성의 기능을 의미한다. 상호 이해를 지향하는 이성의 의사소통 기능을 바탕으로 대화와 협의를 통해 사회적 연대와 결속이 강화되고 상호 존중과 공존이 실현되는 것이다. 안타깝게도 오늘날처럼 시장화된 세계에서 이성의 세 가지 기능 가운데 단연 앞서는 것은 도구적 기능이라는 점에 주목할 필요가 있다. 20세기 나치즘을 득세하게 만들었던 도구적 이성이 21세기 시장시스템에서도 여전히 그 위세를 떨치고 있는 것이다. 과거든 현재든 도구적 이성이 작동하는 근저에는 단 한 가지 동기가 자리 잡고 있다. 그것은 바로 '생존의 문제'라는 것이다.

52 알랭 핑켈크로트, 《사유의 패배》, 주태환 옮김, 동문선, 1999.

53 조르조 아감벤, 《호모 사케르》, 박진우 옮김, 새물결, 2008, 284쪽 참고.

54 한나 아렌트, 《예루살렘의 아이히만》, 김선욱 옮김, 한길사, 2006, 110쪽.

55 츠베탕 토도로프, 《덧없는 행복: 루소 사상의 현대성에 관한 시론》, 고봉만 옮김, 문학과지성사, 2006, 127~128쪽 참고.

56 애덤 스미스, 《도덕감정론》, 박세일 외 옮김, 비봉출판사, 1996, 30쪽.

57 린 헌트, 《인권의 발명》, 전진성 옮김, 돌베개, 2009, 35~36쪽.

58 스티븐 핑커, 《우리 본성의 선한 천사: 인간은 폭력성과 어떻게 싸워왔는가》, 김명남 옮김, 사이언스북스, 2014.

59 로베르 르그로, 《개인의 탄생: 서양예술의 이해》, 149~150쪽 참고.

60 윤원근, 《문명의 문법과 현대문명》, 동감문명기독교연구소, 2016, 20쪽 참고.

61 존 로크, 《통치론》, 강정인 외 옮김, 까치, 1996, 11~13쪽 참고.

62 위의 책, 119~120쪽 참고.

63 게오르그 짐멜, 〈현대 문화에서의 돈〉, 《짐멜의 모더니티 읽기》, 18쪽.

64 위의 책, 18~19쪽.

65 로버트 하일브로너, 《세속의 철학자들》, 장상환 옮김, 이마고, 2008, 25쪽 참고.

66 베네딕트 데 스피노자, 《신학정치론》, 황태연 옮김, 비홍출판사, 2013, 255쪽 참고.

67 리하르트 반 뒬멘, 《개인의 발견 1500~1800》, 243쪽.

68 장 자크 루소, 《사회계약론》, 이재형 옮김, 문예출판사, 2013, 33~34쪽.

69 가라타니 고진, 《세계공화국으로》, 조영일 옮김, 도서출판b, 2007, 127쪽.

70 가라타니 고진, 《「세계사의 구조」를 읽는다》, 72~73쪽 참고.

71 루소, 《사회계약론》, 49~50쪽.

72 게오르그 짐멜, 〈현대 문화에서의 돈〉, 《짐멜의 모더니티 읽기》, 15쪽.

73 위의 책, 17쪽.

74 위의 책, 18쪽.

75 위의 책, 17쪽.

76 위의 책, 19쪽.

77 유발 하라리, 《사피엔스》, 440~441쪽 참고.

78 애덤 스미스, 《국부론》, 유인호 옮김, 동서문화사, 2009, 27쪽 참고.

79 애덤 스미스, 《도덕감정론》, 27~28쪽과 51쪽 참고.

80 가라타니 고진에 따르면 스미스가 말하는 공감은 공동체를 지탱하는 호수원리
가 해체되고 상품교환의 원리(교환양식C)가 지배하는 경우에 출현하는 도덕감정
을 가리킨다. 이것은 연민이나 자비와는 다르게 전통 사회에서는 존재하지 않았
다는 것이다(《세계공화국으로》, 175쪽; 《세계사의 구조》, 315쪽 참고).

81 케인스의 오류와 관련해서는 로버트 스키델스키 · 에드워드 스키델스키, 《얼마나
있어야 충분한가》, 김병화 옮김, 부키, 2013, 39~77쪽 참고.

82 가라타니 고진, 《세계공화국으로》, 87~88쪽 참고.

83 자본주의의 자기재생적 시스템과 관련해서는 위의 책, 156쪽 참고.

84 스키델스키, 《얼마나 있어야 충분한가》, 74~76쪽 참고.

85 1789년 프랑스혁명을 통해 자유와 평등이 근본적 가치로 확립되었지만 이 둘은
서로 모순되는 가치임에 틀림없다. 유발 하라리는 "1789년 이래 세계 정치사는 이
모순을 화해시키려는 일련의 시도로 볼 수 있다"고 주장한다(《사피엔스》, 237쪽).

86 알랭 드 보통, 《불안》, 정영목 옮김, 이레, 2005, 124쪽 참고.

87 스키델스키, 《얼마나 있어야 충분한가》, 53쪽 참고.

88 플라톤, 《플라톤의 대화》, 최명관 옮김, 종로서적, 1994, 277쪽 참고.

89 도정일, 《시인은 숲으로 가지 못한다》, 민음사, 1994, 171쪽 참고.

90 칼 폴라니, 《거대한 전환》, 홍기빈 옮김, 도서출판 길, 2009, 179쪽.

91 위의 책, 242쪽.

92 마이클 샌델, 《돈으로 살 수 없는 것들》, 안기순 옮김, 와이즈베리, 2012, 26~27쪽.

93 게오르그 짐멜, 〈현대 문화에서의 돈〉, 《짐멜의 모더니티 읽기》, 21~22쪽.

3장 개인은 지금 어떤 시대를 사는가 〰〰〰〰〰〰〰〰〰〰〰〰〰〰〰

1 프랜시스 후쿠야마, 《대붕괴 신질서》, 한국경제신문국제부 옮김, 한국경제신문
사, 2001, 31쪽 참고.

2 위의 책, 31~32쪽 참고.

3 조르조 아감벤, 《호모 사케르》, 284쪽 참고.

4 위의 책, 238쪽과 323쪽 참고.

5 김우창, 《자유와 인간적인 삶》, 생각의나무, 2007, 40쪽.

6 막스 호르크하이머, 《도구적 이성 비판》, 175쪽과 164쪽.

7 위의 책, 179쪽.

8 위의 책, 175~176쪽.

9 이언 와트, 《근대 개인주의 신화》, 129쪽 참고.

10 막스 호르크하이머, 《도구적 이성 비판》, 168쪽.

11 위의 책, 179쪽과 197쪽.

12 T. W. Adorno, *Negative Dialektik.*, Suhrkamp, 1990, 344쪽 참고.

13 막스 호르크하이머, 《도구적 이성 비판》, 184쪽.

14 위의 책, 172~173쪽 참고.

15 이언 와트, 《근대 개인주의 신화》, 97쪽과 107쪽 참고.

16 장 보드리야르, 《소비의 사회》, 이상률 옮김, 문예출판사, 2015, 298쪽 참고.

17 도정일, 〈문화 영역의 세계화 또는 아큐 현상〉, 《시장전체주의와 문명의 야만》,
생각의나무, 2008, 63쪽 참고.

18 위의 책, 65쪽 참고.

19 자크 데리다, 《마르크스의 유령들》, 진태원 옮김, 이제이북스, 2007, 297~298쪽.

20 울리히 벡 외, 《사랑은 지독한 그러나 너무나 정상적인 혼란》, 강수영 외 옮김,
새물결, 1999, 30쪽.

21 위의 책, 31~32쪽.

22 한병철, 《피로사회》, 김태환 옮김, 문학과지성사, 2012, 81쪽 참고.

23 위의 책, 109~110쪽 참고.

24 위의 책, 114쪽 참고. 칸트의 견해를 따르면 자율성은 '자기 실리의 원칙'을 넘어
설 수 있는 내재적 능력을 가리킨다. 자율성이 인간 존엄성의 근거가 되는 이유
가 여기에 있다(칸트, 《도덕 형이상학을 위한 기초 놓기》, 73쪽 참고). 하지만 현대 사회

에서는 많은 사람들이 자율성을 '자기만족'으로 이해하는 것처럼 보인다.

25 밀란 쿤데라,《소설의 기술》, 211쪽 참고.

26 위의 책, 221쪽 참고. 플로베르가 자신의 소설에서 포착한 '멍청함'은 단순한 지식의 결여도 아니고 교육으로 교정할 수 있는 것도 아니다. 그것은 인간 존재와 분리되지 않는다. 멍청함도 일상성 속에 담겨 있는 인간 실존의 한 양상인 셈이다.《마담 보바리Madame Bovary》(1857)에서 주인공 에마를 평생 동안 따라다니는 것이 바로 그 멍청함이다(《소설의 기술》, 222쪽 참고).

27 위의 책, 211쪽과 223쪽 참고.

28 위의 책, 222쪽 참고. 쿤데라에 따르면 근대 유럽 문화의 본질은 세르반테스의《돈키호테》와 함께 형성되었으며 소설의 역사 속에 보존되어 있다.

29 위의 책, 223쪽 참고.

30 위의 책, 223쪽 참고.

31 쿤데라의 글에서 몸 하나에 머리가 셋 달린 괴물은 ('웃지 않는 사람'을 뜻하는) 아젤라스트들, 통상적인 생각의 공허함, 키치, 이 세 가지를 가리킨다. 이 셋은 '신의 웃음의 메아리'에서 탄생한 '개인이 존중받는 세계', 즉 '소설이라는 상상적 세계'의 적으로 간주된다. 쿤데라에게 근대 유럽 개인주의 정신의 소중한 진수는 '마치 금고에 보관된 것처럼' 소설의 역사와 소설의 지혜 속에 숨겨져 있다(《소설의 기술》, 224쪽 참고).

32 위의 책, 22쪽 참고.

33 소설의 정신은 획일성 혹은 전체성과는 양립할 수 없다. 소설은 인간 실존의 다양한 가능성을 탐색하기 때문이다. 소설가들은 실존의 여러 가능성들을 찾아내 실존의 지도를 그려낸다. 소설은 실존의 가능성, 즉 인간이 될 수 있는 모든 것, 그가 할 수 있는 모든 것을 포착해서 독자로 하여금 자신이 누구인가를 보게 하고 스스로 무엇을 할 수 있는가를 알게 해준다(《소설의 기술》, 65쪽 참고).

34 유발 하라리,《호모 데우스》, 527쪽 참고.

35 위의 책, 529쪽 참고.

36 위의 책, 534쪽.

37 위의 책, 7쪽 참고.

38 Roland Barthes, *Die helle Kammer. Bemerkung zur Photographie*, Frankfurt/Main, 1989, 23쪽.

39 한병철,《투명사회》, 117쪽 참고.

40 위의 책, 101~102쪽 참고.

41 위의 책, 212쪽 참고.

42 T. W. Adorno, *Minima Moralia*, Suhrkamp, 1993, 7쪽 참고.

43 막스 호르크하이머, 《도구적 이성 비판》, 199쪽.

44 밀란 쿤데라, 《소설의 기술》, 45쪽 참고.

45 위의 책, 43~44쪽 참고.

46 그리고리 페렐만은 현대 수학의 난제 가운데 하나인 '푸앵카레 추측'의 해법을
제시했다. 2006년 세계수학자연맹(IMU)은 그에게 수학 분야의 노벨상 격인 필
즈메달을 수여하기로 결정했다. 그러나 페렐만은 자신의 증명이 확실한 것으로
판명됐다는 것만으로 충분하다며 수상을 거부했다. 페렐만은 2010년 미국 클레
이수학연구소(CMI)에 의해 밀레니엄 상의 첫 수상자로 선정됐다. 100만 달러의
상금이 걸린 밀레니엄 상은 클레이연구소가 푸앵카레 추측을 포함한 수학계의
7대 난제를 푸는 사람에게 수여하겠다며 제정한 것이다. 하지만 페렐만은 그 상
도 받지 않았다. 2011년에는 그가 러시아 과학아카데미 정회원 자격도 거부했다
고 전해진다. 언론보도에 따르면 페렐만은 상트페테르부르크 남부에 위치한 낡
은 아파트에서 노모와 함께 살면서 숲속을 거닐며 가장 좋아하는 버섯 따는 일
을 즐겨 했다고 한다.

47 김우창, 《자유와 인간적인 삶》, 179~180쪽. 페렐만의 행보는 "돈, 명예, 권력으
로 사람값이 매겨지는 시대의 물결을 거스르고 시대의 도덕률과 성공의 법칙을
넘어선다"(도정일, 《쓸잘데없이 고귀한 것들의 목록》, 문학동네, 2014, 47쪽).

48 게오르그 짐멜, 〈개인주의의 두 형식〉, 《근대 세계관의 역사》, 128쪽. 개인이면
누구나 자기 자신을 타인과 비교될 수 없고 대체될 수 없는 유일한 존재로 인식
한다. 짐멜은 개인의 비교 불가능성과 질적 유일성을 강조하는 개인주의를 '질
적 개인주의'로 규정했다. 그는 '질적 개체성'의 형성과 발전을 현대 사회에서의
중요한 문화적 가치와 이상으로 이해했다. 하지만 현대 사회의 개인은 다른 개
인과 비교될 수 있고 대체될 수 있기 때문에 질적 개체성의 실현과 보존은 점차
어려워지고 있다. 이런 문제점을 미리 내다보면서 짐멜은 '질적 개인주의'를 강
력하게 옹호했던 것이다(같은 책, 123쪽 참고).

49 게오르그 짐멜, 〈대도시와 정신적 삶〉, 《짐멜의 모더니티 읽기》, 48쪽.

4장 개인주의 사용을 위한 15가지 제안 ∞∞∞∞∞∞∞∞∞∞∞∞∞∞∞∞∞∞∞∞∞∞

1 레이 커즈와일, 《특이점이 온다》, 김명남 외 옮김, 김영사, 2007. 최근에 와서는 특이점을 커즈와일이 추정한 것보다 10년 앞당겨 2035년으로 예측하는 견해도 나왔다.

2 백승수, 〈4차 산업혁명 시대의 교양교육의 방향 모색〉, 《교양교육연구》, 2017, 11집 2호, 13~51쪽; 손승남, 〈한국형 리버럴아츠칼리지(K-LAC)의 가능성 탐색〉, 《교양교육연구》, 2017, 11집 1호, 13~37쪽; 조헌국, 〈4차 산업혁명에 따른 대학 교육의 변화와 교양교육의 과제〉, 《교양교육연구》, 2017, 11집 2호, 53~89쪽.

3 조헌국, 〈4차 산업혁명에 따른 대학교육의 변화와 교양교육의 과제〉, 72쪽 참고.

4 조인원, "전환의 시대, 학문의 미래"(경희대학교 총장 2018년 신년사).

5 조인원 외, 《내 안의 미래: 학생과 총장이 함께 묻는 문명 정치 대학의 길》, 한길 사, 2016, 276쪽.

6 《문명전개의 지구적 문맥 I: 인간의 가치 탐색》: 개정4판, 후마니타스칼리지 중 핵교과 교재편찬위원회, 경희대학교출판문화원, 2017, vi쪽.

7 도정일 외, 〈대담: '비평의 인문학'을 위하여〉, 《작가세계》(2016년 봄호), 24쪽.

8 도쿄대 교양학부, 《교양이란 무엇인가》, 노기영 외 옮김, 지식의 날개, 2008, 156쪽.

9 유발 하라리, 《호모 데우스》, 275~276쪽 참고.

10 위의 책, 479쪽 참고.

11 위의 책, 482~483쪽과 492쪽 참고.

12 게오르그 짐멜, "대도시와 정신적 삶," 《짐멜의 모더니티 읽기》, 37~38쪽 참고.

13 알랭 핑켈크로트, 《사랑의 지혜》, 권유현 옮김, 동문선, 1998, 159쪽.

14 유발 하라리, 《호모 데우스》, 516쪽.

15 슬라보예 지젝, 《전체주의가 어쨌다구》, 한보희 옮김, 새물결, 2008, 309쪽.

16 한병철, 《투명사회》, 35쪽과 29쪽 참고.

17 위의 책, 35쪽 참고.

18 도쿄대 교양학부, 《교양이란 무엇인가》, 15쪽.

19 위의 책, 67쪽 참고.

20 위의 책, 97쪽.

21 《우파니샤드》, 〈제12편〉, 이재숙 옮김, 한길사, 1996.

22 슬라보예 지젝, "실재의 열망, 가상의 열망", 《탈이데올로기 시대의 이데올로기》,

김상환 옮김, 철학과현실사, 2005, 16쪽 참고.

23 위의 책, 22쪽.

24 한병철,《투명사회》, 47쪽 참고.

25 구상,〈시〉,《구상 시선》, 오태호 엮음, 지만지, 2012, 54쪽 참고.

26 정필권, 리뷰〈모여봐요 동물의 숲, 기다림과 공백이 주는 자유〉(출처: 루리웹) 참고.

27 위의 글 참고.

28 김희연,〈'모동숲'에서도 열심히 일하나요〉, 경향신문 2020년 5월 7일.

29 마르크 블로크,《역사를 위한 변명》, 고봉만 옮김, 한길사, 2007.

30 슬라보예 지젝,《팬데믹 패닉》, 강우성 옮김, 북하우스, 2020, 123쪽.

31 칸트,《영원한 평화를 위하여》, 오진석 옮김, 도서출판b, 2011, 23쪽과 35~36쪽 참고.

32 가라타니 고진,《세계사의 구조》, 336쪽.

33 위의 책, 336쪽.

34 가라타니 고진,《제국의 구조》, 조영일 옮김, 도서출판b, 2016, 271쪽.

35 김월회,〈깊음에서 비롯되는 것들〉, 한국일보 2019년 2월 26일.

36 엠마누엘 레비나스,《윤리와 무한》, 양명수 옮김, 다산글방, 2005, 25~26쪽.

37 움베르토 에코,《장미의 이름》(하), 이윤기 옮김, 열린책들, 2015. 871쪽 참고.

38 위의 책, 871쪽 참고.

39 알랭 핑켈크로트,《사랑의 지혜》, 136쪽.

40 움베르토 에코,《장미의 이름》(하), 885쪽.

41 위의 책, 634쪽 참고.

나오는 글

1 칼 세이건,《창백한 푸른점》, 현정준 옮김, 사이언스북스, 2001, 27쪽.

2 뤽 페리,《신-인간, 혹은 삶의 의미》, 우종길 옮김, 영림카디널, 1998, 231쪽 참고.

3 위의 책, 36쪽.

4 알랭 핑켈크로트,《사랑의 지혜》, 154쪽 참고.

5 위의 책, 152쪽.

6 뤽 페리,《신-인간, 혹은 삶의 의미》, 237쪽.

7 로베르 르그로, 《개인의 탄생: 서양예술의 이해》, 157쪽.

8 엠마누엘 레비나스, 《윤리와 무한》, 양명수 옮김, 다산글방, 2005, 111쪽.

9 한나 아렌트, *Vita activa oder Vom tätigen Leben*, Piper, 1981, 411쪽 참고.

10 알랭 핑켈크로트, 《사랑의 지혜》, 163쪽.

11 라이너 마리아 릴케, 《소유하지 않는 사랑》, 김재혁 옮김, 고려대학교출판부, 2003, 96쪽 참고.

12 아리스토파네스가 전하는 '사랑의 기원에 관한 우화'에 따르면 아주 먼 옛날 인간은 세 가지 형태로 존재했다. 인간은 '남자와 여자', '남자와 남자', '여자와 여자' 이렇게 세 종류의 결합 형태로 나뉘어 있었다. 최초의 인간은 그 모습이 둥그스름하게 생겼고, 한 몸에 두 개의 머리와 얼굴, 네 개의 팔과 네 개의 다리를 지니고 있었다. 여덟 개의 손과 발을 가진 인간은 힘이 매우 강력했고, 앞과 뒤를 동시에 살필 수 있었으며, 이해력이 탁월했다. 이런 힘과 능력을 가진 이들이 신들에게 도전하기에 이르자 두려움을 느낀 제우스는 인간을 두 쪽으로 쪼개놓는다. 이 쪼개짐은 인간 존재에 근원적인 상실과 결핍을 불러온다. 이때부터 인간은 모두 반쪽으로 존재하며, 이 반쪽의 인간은 잃어버린 자기 반쪽을 끊임없이 찾고 그리워한다. 그렇기에 인간은 자신의 본래 모습을 회복하기 위한 여정, 즉 사랑의 여정에 착수한다.

이 우화는 '남자와 여자'에서 갈라진 반쪽이 원래 자신과 한 몸이었던 또 다른 반쪽을 갈망한다는 '이성애의 기원'을 설명함과 동시에, '남자와 남자', '여자와 여자'에서 쪼개진 반쪽들이 서로를 열망한다는 '동성애의 유래'에 대해서도 선명하게 말해주고 있다(플라톤, 《플라톤의 대화》, 250~255쪽 참고).

13 자크 데리다, 《마르크스의 유령들》, 10쪽.

누구나 개인주의자가 된다

각자도생의 시대를 견뎌내기 위한 인간다운 삶의 조건

1판 1쇄 인쇄 2021년 3월 31일
1판 1쇄 발행 2021년 4월 9일

지은이 박상용
펴낸이 고병욱

책임편집 김경수 **기획편집** 허태영
마케팅 이일권, 한동우, 김윤성, 김재욱, 이애주, 오정민
디자인 공희, 진미나, 백은주 **외서기획** 이슬
제작 김기창 **관리** 주동은, 조재언 **총무** 문준기, 노재경, 송민진

펴낸곳 청림출판(주)
등록 제1989-000026호

본사 06048 서울시 강남구 도산대로38길 11 청림출판(주)
제2사옥 10881 경기도 파주시 회동길 173 청림아트스페이스
전화 02-546-4341 **팩스** 02-546-8053

홈페이지 www.chungrim.com
이메일 cr2@chungrim.com
페이스북 https://www.facebook.com/chusubat

ⓒ 박상용, 2021

ISBN 979-11-5540-184-2 03100

• 이 책은 저작권법에 따라 보호를 받는 저작물이므로 무단전재와 무단복제를 금합니다.
• 책값은 뒤표지에 있습니다. 잘못된 책은 구입하신 서점에서 바꿔 드립니다.
• 추수밭은 청림출판(주)의 인문 교양도서 전문 브랜드입니다.